W0014544

Allein in Partnerschaft und Ehe?
Allein im Alter?
Leben in der Einheit!
Du bist nicht allein – GOTT ist mit Dir

Allein in Partnerschaft und Ehe?
Allein im Alter?
Leben in der Einheit!

Du bist nicht allein – GOTT ist mit Dir

von Gabriele

Verlag DAS WORT GmbH

© 1. Auflage 2004

Verlag DAS WORT GmbH

Max-Braun-Str. 2, 97828 Marktheidenfeld
Tel. 09391/504-135, Fax 09391/504-133

Internet: http://www.das-wort.com

Druck: Santec Studio und Druckerei GmbH,
Marktheidenfeld

ISBN 3-89201-192-3

Inhalt:

Vorwort 11

Die Sehnsucht aller Menschen nach Liebe,
Glück und Geborgenheit 13

Die traute Zweisamkeit von Mann und Frau –
das bleibende Glück? 17

Keine Suche nach Glück, Liebe und Geborgenheit bei Singles und bei Machtmenschen? 25

Die Unruhe des Herzens – Auf der Suche
nach dem Sinn und Zweck des Erdenlebens 29

Wer vererbte dem Menschen das schlechte
Genmaterial? Sind Adam und Eva schuld
an seinem Schicksal? 35

Der Fall – Anspruch und Wahn, Gott selbst
sein zu wollen. Der Egomane, der typische
Gegenspieler Gottes 43

Die Inkarnationenfolge aufgrund des Kausal-
prinzips: Gleiches zieht zu Gleichem 49

Die Gnade Gottes – der Mensch hat die
Freiheit, sie anzunehmen ... Die Vorzüge
einer rechtzeitigen, ehrlichen Rückschau 57

*Die Materie – eine fallbedingte Erscheinungs-
form und nicht von ewigem Bestand. Reichtum
aus den Händen der Finsternis – die unheilvolle
Folge: ärgste Abhängigkeit über Inkarnationen* 63

Warum greift Gott nicht ein? 71

*Das Gesetz von Ursache und Wirkung – Aus-
druck der Liebe Gottes und Seiner Gerechtigkeit* ... 79

*Läuft die „Welt", das Menschenwerk, ins Chaos?
Schaffe Ordnung in deinem Leben.
Lasse die Gottes- und Nächstenliebe walten* 83

*Keine Schuld ist größer und mächtiger als
die unerschöpfliche Liebe Gottes.
Lerne, dich den Tag über mit der Liebe Gottes
zu füllen! Finde zum wahren ICH BIN in dir* 85

Leben in der Einheit 89

*Werde ruhig, gewinne die Stille.
Eine Hilfe, um Gott zu begegnen:
Nimm die Impulse des Inneren Lebens wahr,
die dir aus dem Bild der Natur zuströmen* 90

*Gott, die Kraft des Inneren, ist in allem die
Antwort und Lösung. Beachte die Goldene
Lebensregel! Entwickle rechtes Schauen,
Hören, Lesen und Arbeiten* 99

Empfange aus den Lebensformen und Kräften
der Unendlichkeit des Unendlichen Botschaft,
Seine Weisungen. Gewinne die Gewißheit und
das Vertrauen, daß Gott in dir gegenwärtig ist 103

Das auf die Materie eingeengte menschliche
Bewußtsein nimmt nicht die eigentliche Realität,
das Leben, wahr. Begreife und erfahre Gott
als Licht und Kraft in allem 107

Die „Sprachlosigkeit" des Menschen –
das Nichtverstehen des Nächsten 111

Werde leer von unwesentlichen, ichbezogenen
Gedanken. Werde ruhig. Gott ist die Stille 115

Nimm in der stillen, tiefen Betrachtung
von Bildern der Natur die Kommunikation
auf zum Allgeist, Gott, der dir helfen möchte,
dich von mancher Last zu befreien 117

Lerne, die Botschaft aus allem zu erforschen,
und du beginnst, wahrhaft zu leben! Gewinne
einen inneren Erfahrungsschatz, innere Lebenskraft und Freude 124

Die Kommunikation mit Gott in dir.
Lasse dich von der allgegenwärtigen
Liebe berühren, die sich in der Stille offenbart 129

Der Egozentriker kann Gott nicht erfahren 140

Im Atem ist das Leben, Gott.
Atme bewußt! 144

Die Sehnsucht, die Suche nach Glück, Liebe,
Geborgenheit und Heimat hat einen tiefen
Grund. Du wirst in dieser Welt nie „ankom-
men" – weil du nicht von dieser Welt bist! 149

Wahre Liebe ist keine Menschenliebe,
sondern Geborgenheit, Freiheit, Einheit
mit dem All-Leben. Lerne zu lieben! 159

Tauche ein in den Ozean der All-Liebe und
Weisheit, der Gott ist! Er möchte für dich
alles-in-allem sein 163

Gott, die große ewige Liebe, wohnt in dir.
Er wartet in dir auf dich 168

„Mein Kind, sei edel und gut!
Blicke stets nach innen und frage Mich,
den Herrn und Gott, in allen Dingen.
Siehe, entsprechend deinem Bewußtsein
will Ich dir Antwort geben,
denn Ich Bin in allem alles.
Das erkenne!"

(Aus: Vaterworte auch an Dich)

Vorwort

Gabriele weiß um uns Menschen, um unser Denken und Leben wie auch um unsere Nöte – und sie blickt tiefer. Sie sieht, wie der Mensch gefangen ist in Illusionen und Vorstellungen, in Wünschen und Sehnsüchten nach Liebe, Glück und Geborgenheit, die ihn doch immer wieder in die Sackgasse von Enttäuschung, Einsamkeit und Verbitterung führen. Damit wir aus diesem schier endlosen Dilemma herausfinden, schrieb sie dieses Buch.

Gabrieles fürsorgliches Herz schlägt aber nicht nur für ihre Brüder und Schwestern, die Menschen, sondern auch für die geschundenen Tiere, die gerade in unserer Zeit unvorstellbar zu leiden haben. Im Rahmen der *Gabriele-Stiftung* setzt sie sich unermüdlich dafür ein, daß Tieren der Lebensraum geboten wird, in dem sie angstfrei und ihrer Art gemäß in Frieden leben können.

Weil die Aktivitäten der *Gabriele-Stiftung* für Natur und Tiere nun mal mit erheblichen finanziellen Aufwendungen verbunden sind, wird ein Teil des Erlöses aus dem Verkauf des vorliegenden Buches dafür verwendet.

Verlag DAS WORT

Die Sehnsucht aller Menschen
nach Liebe, Glück und Geborgenheit

Im Vaterunser beten die Christen: „Vater unser, der Du bist im Himmel, geheiligt werde Dein Name, Dein Reich komme und Dein Wille geschehe." Wir beten also zu unserem ewigen Vater. Wenn auch Menschen anderer Kulturen Gott, den Ewigen, mit anderen Namen wie „Jehova", „Allah" oder „großer All-Geist" anbeten, so ist doch immer der Eine gemeint, der Ewige. Alle Menschen, die beten, sprechen den Ewigen mit „Du" an. Warum? Weil alle Menschen Kinder des All-Einen sind, Söhne und Töchter des ewigen Vaters. Menschen aller Kulturkreise sind im Ewigen vereint als eine große Menschenfamilie und somit untereinander Brüder und Schwestern. In diesem Bewußtsein, daß alle Menschen <u>einen</u> Vater haben, Gott-Vater, und somit Geistgeschwister sind, erlaube ich mir, die Leser dieses Buches mit du anzusprechen: Du bist nicht allein – Gott ist mit Dir.

Viele Menschen, sehr viele – um nicht zu sagen: alle – sind direkt oder indirekt auf der Suche nach Liebe, Glück, Geborgenheit und Heimat. Viele suchen ihr ganzes Erdenleben lang und stellen spätestens im Alter fest, daß sie die Liebe, das Glück, die Heimat und die Geborgenheit nicht gefunden haben.

Das macht so manchen Menschen traurig und oftmals unglücklich. Gerade der ältere Mensch fühlt sich einsam und einer sehr unsteten und unsicheren Zeit ausgesetzt. Die Lebenserfahrung vieler Jahre hat ihm gezeigt: Nirgendwo in dieser Welt gibt es Sicherheit, dauerhafte Liebe und bleibendes Glück.

Wohin man auch geht, um Liebe und Glück zu finden, überall begegnet man Menschen, die ihrerseits auf der Suche nach dem Glück sind. Und immer wieder trifft man auch hoffende und geschäftige Menschen, die mit vielen Tricks und Mitteln versuchen, das Glück zu erzwingen.

Aus allen Zeitepochen kann man heute noch Spuren von Menschen entdecken, die sich Liebe, Glück, Geld, Güter und Heimat erobern wollten. Z.B. künden viele alte Gemäuer, Schlösser, Kirchen und Dome von Menschen, die der Ansicht waren, durch Grausamkeit, Betrug, Intrigen, Krieg, Mord und Eroberung zu Besitz und Reichtum zu gelangen, um darauf ihr Glück aufbauen zu können.

In allen Kulturkreisen und zu allen Zeiten wollten also Menschen auf vielerlei Art und Weise Liebe und Glück an sich ziehen. Unter Umständen gelang es dem einen oder anderen, ein Zweiglein von Wohlhabenheit und Glück zu erhaschen. Früher oder später sind jedoch alle an diesem kurzlebigen Höhenflug gescheitert. Spätestens auf dem Totenbett war auch ihr letztes Hemd mit leeren Taschen versehen. Und da über der Jagd nach dem Glück die Erdentage im Flug vorbeigerauscht waren, konnte in vielen Fällen ihre Seele auch keinen inneren Reichtum und somit keinen Schimmer wahren Glücks mit ins Jenseits nehmen.

Im Folgenden werde ich nun diese Gegebenheiten aus verschiedenen Facetten diverse Male beleuchten. Warum? Um so dem Leser die Gelegenheit zu geben, sich in dem einen oder anderen Aspekt zu erkennen, Klarheit über sich selbst zu gewinnen und daraus seine Schlüsse ziehen zu können. Das wird ihm auch helfen, seine Mitmenschen besser zu verstehen, die ebenfalls in den ausgetretenen Pfaden menschlichen Irrtums wandern, von einem Hoffen zur anderen Hoffnung.

So mancher Greis, der in jungen Jahren auf Eroberung aus gewesen war, um sein Glück zu machen, blickt nun zurück und sieht seine Sehnsüchte und kurzzeitig erfüllten Wünsche zerronnen. War es diesem Betagten gelungen, auf seinem langen, wechselvollen Erdengang einen Tropfen aus der Quelle der ewigen Weisheit zu schöpfen, dann vermag er zu erkennen, daß das Suchen und Hoffen im Äußeren nichts als vergeudete Zeit war.

Jedes Lebensalter malt seine Lebenswünsche in Bildern aus. Auch der einsichtige Greis, der auf sein irdisches Leben zurückblickt, hatte seine Wunsch-

und Lebensbilder, in denen mancherlei „glücksträch-tige" Situationen, Gegenstände und Figuren ver-zeichnet waren. Nun muß er feststellen: Kein Mensch kann dem anderen auf Dauer das geben, was dieser sein Leben lang gesucht hat.

Jetzt, im Alter, enthüllt sich dem Greis die Ver-gänglichkeit äußerer, materieller Werte. Aus dieser Perspektive betrachtet er vieles mit anderen Augen. Eine alte, halb verfallene Kirche hatte ihn einst be-eindruckt. Ihre geborstenen Mauern ragten vom Berg herab und kündeten von früherem Prunk und frühe-rer Pracht. Es war ihm, als würde das morsche Mauer-werk noch zusammengehalten, beseelt von des kirch-lichen Bauherrn Wunsch und Leitsatz: „Reich sein ist aller Welt Glück." Doch schließlich war auch die-ses Denkmal kirchlicher Würdigkeit in sich zusam-mengefallen – abbruchreif.

Der einsichtige greise Mann erfaßt klar: Selbst der neu restaurierte Dom kirchlichen Wertzeichens, reich ausgestattet mit vielem Kostbaren, das die Welt zu bieten hat, wie Gold, Edelsteine, wertvolle Mosai-ken und manches mehr, kann dem Menschen letzten Endes das nicht geben, wonach sein Herz verlangt: Liebe, Glück, Heimat, Geborgenheit und Sicherheit.

„Warum besuchen immer noch so viele Gut-gläubige die diversen Wallfahrtsorte und Pilgerstät-ten?", fragt sich der Alte. „Tun sie es in dem Glauben, das brächte sie eventuell der Sinnerfüllung ihres

Lebens oder gar Gott näher? Oder in der frommen Hoffnung, an diesem ‚heiligen Ort' könnte vielleicht ein Fünkchen himmlischer Seligkeit, gleich überirdischen Glücks, in ihr Herz fallen?" Und er gibt sich selbst die Antwort: „Trotz Reliquien, trotz Weihrauch, Liedern, Glockengeläut und Kerzenschimmer können diese Orte dem Menschen nicht das bieten, was seine Sehnsucht ist."

Die traute Zweisamkeit von Mann und Frau – das bleibende Glück?

Das kleine Kind im Arm der Mutter – ein Sinnbild der Geborgenheit. Und dennoch: Die Mutter, die ihr Kind an ihr Herz drückt, kann ihm nur für kurze Zeit die Liebkosung und das Gefühl der Wärme, der Geborgenheit und der Heimat geben. Später, wenn es erwachsen wird, einen Beruf erlernt hat und seinen Unterhalt selbst verdient, denkt auch dieser junge Mensch daran, eine Familie zu gründen und ein „Nest" zu schaffen. Mit dem Erwachsenwerden nimmt die zuvor vage und diffuse Sehnsucht – nach Liebe, Glück, Geborgenheit und einem Platz, wo man hingehört, wo man bleiben und sich zu Hause fühlen kann – nun greifbare Form und Gestalt an. Die traute Zweisamkeit zeichnet sich als Ziel der Wünsche ab.

17

Die Wunschvorstellungen senden, das suchende Auge schweift, die Hoffnung, die Erwartung ruft nach einem Echo.

Plötzlich, es scheint einer Erleuchtung gleich – du siehst sie, oder du siehst ihn, und es ist, als wärest du „angekommen": Du hast dich verliebt. Du, die Frau, glaubst nun, daß der Mann, der dich in seinen Armen hält und dem dein Herz gehört, dir Sicherheit und Geborgenheit gibt, das, was du dir erhofftest und wünschtest. Du schenkst ihm dafür die Blüte deiner Jugend. Gemeinsam schafft ihr euch das Nest, das Heim, das für euch das Zuhause ist. Nun seid ihr zwei Menschen „in Liebe vereint". – Wie lange?

Die Liebe, die mit großem Herzklopfen begonnen hat, dauert nur eine begrenzte Zeit. Haben sich beide Körper in der „Liebe" erschöpft, dann stellt

sich meist Unzufriedenheit ein und allmählich eine gewisse Leere. Der beseligende Rausch der „Liebe" ist dahingeschwunden und mit ihm die Illusion und der süße Traum, gefunden zu haben. Nun, dieses Mal war es leider ein Irrtum gewesen – der falsche Partner, die falsche Partnerin. Diese „Erkenntnis" kühlt das Gemüt, und die Woge der Ernüchterung spült den alten Standort an die Oberfläche – also erneut die Suche nach Liebe, Glück, Geborgenheit und Sicherheit, allerdings an Erfahrungen und Enttäuschungen reicher als zuvor.

Wieder beginnt die Suche. Der Weg führt zu Bekannten und Freunden, zu Arbeitskollegen und -kolleginnen. Er führt über den Alltagssteg in ein „erlebnisreiches" Wochenende und in den Urlaub. Wo ist die große Liebe? Man hält Ausschau, denn man fühlt sich allein und trotz alledem abgestoßen von den Komplimenten der vorbeirauschenden Angebote. Und erweckt eine Begegnung kurzzeitig Hoffnung, eventuell nun doch angekommen zu sein – bei näherer Betrachtung erweist sich diese Anwandlung als Nostalgie, denn man erinnert sich: So hat es schon einmal begonnen; so ähnlich habe ich es schon einmal erlebt. Die damalige Enttäuschung, die zur Erfahrung wurde, sendet ihre Signale: „Das, was ich hier sehe und erlebe, habe ich schon hinter mir. Es ist Täuschung."

19

Trotz des Zuwachses an Erfahrungen geht die Suche weiter. Irritiert und frustriert über jede bisherige Begegnung, weil sie Vergangenes wachruft – Verbindungen, die sich als Bindungen erwiesen, die nicht tragfähig waren, Bande, die irgendwann wieder zerbrachen –, bleibt einem dennoch ein Strohhalm der Hoffnung, es könnte doch der oder die kommen, der bzw. die das Leben reicher macht. Die Hoffnung, daß sich eines Tages das dauerhaft ungetrübte gemeinsame Glück mit einem Partner einstellen müßte, ist eine der hartnäckigsten Wunschvorstellungen überhaupt, die viele Enttäuschungen überdauern kann.

Schon droht die Frustration das Lebensgefühl nachhaltig zu überschatten – da läuft einem gerade wieder ein spezieller Typ über den Lebensweg, der dem eigenen Wunschbild in einigen Merkmalen entspricht. Dieses Mal ganz was Besonderes!

Endlich ein Mensch, der so ganz anders ist als die anderen! Er hat die gewissen Züge, die schmeicheln, die Weichheit und Liebe andeuten. „Diese Frau" – so denkt der Sucher – „ist anmutig, charmant, mit liebevollen Charakterzügen, gesellig und kommt meinem Denken und Wünschen am nächsten." Die Sucherin meint: „Dieser Mann, ein männlicher Typ, dessen Gesichtszüge ebenmäßig sind, dessen Lächeln gewinnend und dessen Beruf vielversprechend ist, das könnte die Liebe von Dauer sein."

20

Wieder einmal muß die Blüte einer Margerite herhalten, deren Blätterkranz sich bei jeder Frage dezimiert: „Liebt sie mich?" / „Liebt er mich?" Das letzte weiße Blättchen, das übrigbleibt, signalisiert: Sie / er liebt mich!

Nun fliegen die Herzen zusammen. „Liebe" auf den ersten oder den zweiten Blick. Dieses Mal ist er, ist sie ganz bestimmt der bzw. die Richtige! Der Mann/ die Frau für's Leben. Ob erster oder zweiter Blick, das spielt nun keine Rolle mehr. Man ist entschlossen: „Wir gehören zusammen!"

Schon die Motivation, wie und warum man sich kennengelernt hat, könnte aussagekräftig sein, vor allem dann, wenn man sich die eigenen Wünsche bewußt macht und jene Attribute des anderen, auf die man „fliegt".

Was kann ausschlaggebend sein für eine solche Gefühlswallung? Liegt eine Kopfbetontheit vor? Diktiert mein Verstand die Einstufung in die Werteskala des Gewünschten? – Ist es eine „Herzensangelegenheit", meist Verliebtheit genannt? Oder ist es unter Umständen die verdrängte Sexualität, die aufgrund von mangelnden Möglichkeiten zur Gefühlsduselei führt? – Oder Eitelkeit? Will ich mich mit dem anderen aufwerten, mich mit ihm schmücken, indem ich ihn mit „liebevollem" Bindemittel, gleich Bändelei, an mich binde? – Oder lasse ich gar zu, daß der Partner durch mich lebt? In diesem Fall wäre zu fra-

21

gen: Womit soll mir der Partner für meine Unterordnung „bezahlen"? – Oder geben Bequemlichkeitsgründe den Ausschlag? Soll der eine dem anderen nützlich und dienlich sein? – Oder ist gar schon eine Torschlußpanik im Spiel? – – Was man bei genauer Prüfung doch alles in einem Paket zu finden vermag, das man mit dem Wort „Liebe" verschnürt hat!

Einerlei, was der Inhalt des Paketes zeigt, in vielen Fällen kommt die Erleuchtung zu spät, was die hohe Scheidungsrate in unserer Welt beweist. Zu diesem Verschleiß in der Ehe gehört die Trauer als ein fester Bestandteil, denn einer ist dabei meist der Unterlegene.

Die vielen Komponenten, die der eine in den anderen hineingeheimnißt, führen gar oft zum Traualtar, um sich dort die ewige Treue zu schwören. In der Kirche vor dem Priester und vor dem Altar legen beide den Schwur ihrer Liebe ab: „bis der Tod uns scheidet". Nach außen demonstrieren zwei Ringe das Gelöbnis.

Wie lange hält der „heilige" Bund der Ehe? Wochen? Monate? Oder Jahre? Der erste Streit hat unter Umständen noch die Versöhnlichkeit im Gepäck, die im Ehebett ihren Niederschlag findet, bis die Kämpfe zunehmen und heftiger werden, wobei jeder auf sein Recht pocht – auf das „Recht", daß seine Wunschvorstellungen erfüllt werden. Dann dauert es meist nicht mehr lange, und das Recht kommt nicht mehr im Ehebett zum Erliegen; man bleibt sich feindlich gesinnt. Getrogene Hoffnung, zerbrochenes Vertrauen – ein Scherbenhaufen. Der andere hat einem das Glück eben nicht geben wollen. Das Auseinanderklaffen von Traum, Schein und Illusion auf der einen und Wirklichkeit auf der anderen Seite hat über den Schwur, den Ehebund vor dem Traualtar, gesiegt.

Die zum Vorschein gekommenen Disharmonien und Unvereinbarkeiten eskalieren zu Widerwärtigkeiten. Mit der Zeit werden die Spannungen unter den Eheleuten unerträglich. Eine Versöhnung ist schon längst nicht mehr möglich. Zu viel ist geschehen, zu viel hat jeder dem anderen an den Kopf geworfen. Die gegenseitige Achtung ist schon längst dahingeschmolzen. Jeder hat den anderen so erniedrigt, daß – davon sind beide überzeugt – kein Miteinander mehr möglich ist.

Also geht man trotz gemeinsamer Wohnung getrennte Wege. Oder man lebt getrennt. Oder man läßt sich scheiden.

Doch aus der alten Wurzel „Sehnsucht" sprießt sehr schnell ein neuer Trieb. Wieder beginnt das alte Spiel. Wieder läßt man seine Blicke schweifen, um nach der „großen Liebe" Ausschau zu halten. Bis die in Sicht ist, genügt eine flüchtige „Liebe" als Trost und zur Entspannung. Entweder man entlädt sich am „Herzen" der nächsten „Liebe", oder man geht gleich

vor den Scheidungsrichter, der vielfach als Schieds-
richter aufzutreten hat, dann, wenn es um die Auftei-
lung des Ehekapitals geht, was besagt: Keine Liebe
um jeden Preis.

Die Suche geht weiter. Wo ist „er"? Wo ist „sie"?
Wo ist der einmalige Stern, der meinen Wünschen
die Erfüllung bringt?

Hand aufs Herz, liebe Leser, sind nicht alle Menschen – der eine mehr, der andere weniger – auf der
Suche nach Liebe, nach Glück und nach Geborgenheit? Irgendwo, meist bei einem Menschen, will man
sich aufgehoben fühlen. Man will angenommen und
„angekommen" sein; man verbindet die Liebe zueinander mit dem Gefühl von Heim und Heimat.

Hört ein Mensch von Liebe, Glück und Geborgenheit, so bezieht er diese verbindenden Aspekte
ganz automatisch auf Menschen; der Mann meist auf
die Frau und die Frau für gewöhnlich auf den Mann.
Man glaubt, die Treue beinhalte das Nest, symbolisiert durch Gemeinsamkeit im Haus, in der Wohnung, im Zimmer. Denken wir nur an den allseits
bekannten alten Spruch: Trautes Heim – Glück allein.

Viele sind der Ansicht, es gehöre zur menschlichen Natur, daß „der Mensch nicht allein" sei. Deshalb streben viele Partnerschaften oder enge Freund-
schaften an, oder es besteht der Wunsch, eine Familie zu gründen.

Mancher Leser mag einwenden, es gebe doch auch „gute Ehen". Es gibt wenige, sehr wenige. Warum? Weil auf dieser Erde „Liebe" eben fast immer auf eine Person und das Persönliche bezogen ist. Der Austausch findet von Mensch zu Mensch statt. Es ist nicht die Begegnung in Gott.

Die Ehe, wie Gott sie will, ist die Verbindung in einer tiefen Zweisamkeit. Die Ehepartner finden sich in Gott. Beide sind sich im Herzen eins und sind jeweils in ihrem Inneren bei Gott, der Liebe und Einheit, angekommen. Diese tiefe Gottverbundenheit verkörpern sie dann auch in ihrem gemeinsamen Leben in der Ehe und Familie und sind einander Stütze bei der täglichen Erfüllung ihrer Aufgaben für den Nächsten, für das Gemeinwohl, was bedeutet: Wohl für alle in Gedanken, Worten und im gottgewollten Tun.

Keine Suche nach Glück, Liebe und Geborgenheit bei Singles und bei Machtmenschen?

Wie sieht es bei den „Singles" aus, die sich heutzutage brüsten, daß sie „ohne Anhang" leben können. Nur vereinzelt brütet einer in kommunikativer Askese stumpf, dumpf, verdrießlich und ichbezogen vor sich hin – will er doch ein wahrer Single sein!

25

Wer den Spuren mancher anderer Singles folgt und fragt, ob sie wirklich allein sind, ohne engere Freundschaft, so stellt man immer wieder fest, daß viele nur egoistische „Einzelgänger" sind, die ohne Bindung und Verantwortung gegenüber anderen nach Lust und Laune – ungezwungenermaßen, dafür aber zuweilen hemmungslos, ohne sich durch allzugroße Gewissensregungen beeinträchtigen zu lassen – das auskosten, was andere offiziell in Ehe, Partnerschaft oder enger Freundschaft offiziell gemacht haben. So mancher Single ist der Ansicht, alles locker nehmen zu können, eben den oder die ihm gerade in den „Schoß" fällt. So kann man letztlich sagen, daß viele Singles ebenfalls auf der Suche nach Liebe, Glück und Geborgenheit sind, auch dann, wenn sie glauben, die „Liebe" nicht besonders ernst nehmen zu müssen.

Bei Licht besehen sind doch alle Menschen auf der Suche! Leider wissen die meisten nicht, <u>was</u> sie in Wahrheit suchen.

Manch einer wird nun gegen die Allgemeingültigkeit der Aussage, im Grunde suche der Mensch nach Liebe, Glück und Geborgenheit, nach menschlicher Wärme, die auch als „Beziehung" bezeichnet werden kann, Einwände erheben, mit der Begründung: „Nicht jeder sucht nach ,Liebe'. Viele sind machthungrig; sie wollen Macht, Geld und Ansehen. Für sie sind Liebe, Glück und Geborgenheit

26

sekundär. Primär ist der Ego-Trip." Bei näherem Hin-
sehen stellt man jedoch fest, daß solche Streber selten allein sind. Sie haben ihre „Anhängsel", ihre
wechselnden Beziehungen, die man heimlich aufsucht, um das auszukosten und auszuleben, was der
Körper verlangt, die körperliche „Liebe". Solche wechselnden Liebschaften, die man auch „Abwechslun-
gen" nennt, bleiben in vielen Fällen geheim, außer
die körperlichen Reize finden „starkes Interesse", so
daß man das „Verhältnis" dann legalisiert.

Man heiratet nicht immer nur vor dem Standes-
amt, möglicherweise auch vor einem Priester, der,
wie gesagt, vom Brautpaar den Schwur, das Gelöbnis,
abverlangt, die Treue zu halten, bis daß der Tod sie
scheidet. Die priesterliche Gewalt vollzieht dieses
Ritual, obwohl sie oftmals Kenntnis davon hat, daß
beide schon einen ausgearbeiteten und rechtsgül-
tigen „Ehevertrag" in der Tasche haben, für den Fall,
daß es zur Trennung, also zur Scheidung, kommen
sollte, bevor der Tod sie trennt. Bei solchen vertrag-
lichen Ehen geht die Scheidung „bevor der Tod sie
scheidet" um vieles einfacher. Man hat sich schon
vor der Ehe mit der Scheidung und der Verteilung
der Güter auseinandergesetzt.

Auf alle Fälle setzt sich das Leben fort wie bisher.
Entweder hat sich schon längst wieder eine neue
Flamme im „Herzen" des Geschiedenen entzündet,

was u.a. zur Scheidung führte, oder die Suche geht weiter – auch wenn so mancher der Meinung ist, sein wahrer Partner sei einzig Macht, Geld und Ansehen. Alle jedoch, die so laut tönen, daß ihre „Partnerschaft" in Macht, Geld und Ansehen bestehe, haben dennoch in ihrem Reisegepäck – oft uneingestanden – den Wunsch nach Liebe, Glück und Geborgenheit, ungeachtet ihrer Behauptung, ihr Inbegriff von Glück sei einzig auf der materiellen Ebene angesiedelt.

Mit dem Wort „Reisegepäck" möchte ich auf die Gegebenheit hinweisen, daß jeder von uns ein Wanderer ist, der nur für eine begrenzte Zeit die Erde aufsucht, denn kein Mensch kommt umhin, sich irgendwann niederzulegen, um sein Wanderkleid, den Körper, abzustreifen. Ob er damit dann auch sein Reisegepäck ablegt, das steht buchstäblich auf der anderen Seite des Lebens geschrieben, auf der, die der Mensch nicht sieht, aber ergründen könnte, sofern er sein Erdenleben, sein Fühlen, Empfinden, Denken, Reden und Tun, gewissenhaft durchforstet, um sich über die Inhalte klar zu werden. Wer das nicht tut, der kennt sich nicht, auch nicht über den Tod hinaus, dann, wenn die Seele in den Kosmos hineinwandert zu feinerstofflichen Welten, zu jenem Planeten, der die Seele anzieht, weil er die Eingaben des ehemaligen Menschen gespeichert hat, die nun der feinerstoffliche Körper mitbringt. Denn das kosmische Prinzip, das auch auf der Erde unter uns Menschen gilt, heißt: Gleiches zieht Gleiches an.

Die Suche nach Liebe, Glück, Geborgenheit, Heimat und Sicherheit dauert bei den meisten Menschen ein ganzes Erdenleben lang. Trotz vieler Begegnungen, „Beziehungen" und Liebschaften, trotz einiger Eheschließungen muß sich so mancher spätestens im Alter eingestehen: Ich bin nicht angekommen; ich bin allein oder gar vereinsamt.

Die Unruhe des Herzens –
Auf der Suche nach dem Sinn und Zweck
des Erdenlebens

Liebe Leser, ist es nicht so oder ähnlich? Unruhig ist unser Herz; es ist unterwegs, auf der Suche. Gerade in der Mitte unseres Erdenlebens stellt so mancher die Frage: Soll das das ganze Erdenleben so weitergehen, immer wieder die Suche nach Liebe, Glück und Geborgenheit?

So mancher glaubt, Familie, Heim und Heimat wären Sicherheiten, die das Gemüt zur Ruhe kommen lassen. Meint der eine oder andere, dies gefunden zu haben, und preist sich darob glücklich, so ziehen doch irgendwann aus dem Gemüt des Menschen die Sorge und die Angst herauf, das, was für ihn Sicherheit bedeutet, könnte eventuell nicht von Dauer sein. Gerade jene Menschen stellen solche

29

und ähnliche Fragen, die nach höheren Werten und Idealen streben. Warum? Weil ihre Seele schon mehr oder weniger erwacht ist und ihrem Menschen sinngemäß signalisiert: Alles Irdisch-Menschliche ist vergänglich; finde das wahre Leben, die Sicherheit, die Heimat in dir!

Auf der Suche nach dem Sinn und Zweck seines Erdenlebens kommen so manchem auch Gedanken wie: Ist das das Leben, daß der Mensch auf der letzten Wegstrecke seiner Erdenwanderung alt, verbittert und weiterhin ruhelos auf seine Vergangenheit zurückblickt, um am Ende seiner Tage schließlich sagen zu müssen: War das alles? Ich habe gearbeitet und nach Frieden, Sicherheit und Geborgenheit gesucht. Was halte ich nun in meinen Händen?

Solange sich das Herz des Menschen an Menschen bindet, findet der Gebundene keine Ruhe. Manch einer beginnt, sein bisheriges Erdenleben unter die Lupe zu nehmen, in der Frage: Warum die Tage, warum die Nächte? Warum ist plötzlich ein Tag der letzte Tag? – Er denkt weiter über seine unsteten und weitgehend fruchtlos verflossenen Tage nach: War es die viele Arbeit, die mich belastete und beschwerte? Nein, die viele Arbeit war es sicher nicht, was mich innerlich immer wieder bedrückte und nicht zur Ruhe kommen ließ. – Der Mensch beginnt, tiefer zu forschen: Waren es die anderen, denen ich schuld gab an meinen Problemen, Sorgen und

Ängsten? Waren es immer die anderen, dann, wenn mir etwas mißlang? Oder sind es vielmehr die vielen nutzlosen Gedanken gewesen, die dem Frieden in mir selbst im Wege standen? Das Gewissen schlägt an, und der Denkende stellt sich selbst die Frage: War es wirklich immer der andere, der mein unruhiges Erdenschiff in das so klippenreiche Wildwasser lenkte? Oder war nicht ich selbst der Steuermann, eventuell gleichzeitig der Kapitän meines Schiffes? Was war verkehrt an meinem Denken und Leben, an meinem Verhalten oder gar an meiner Grundhaltung, daß so vieles immer wieder schief lief?

Mit vielen Fragen an sich selbst, die man sich selbst – unter Zuhilfenahme seines Gewissens – ehrlich beantwortet, kommt man unter Umständen der Wahrheit näher. Und so erfaßt nun der Fragende: „Mir scheint, daß es so ist: Einzig ich selbst war und bin verantwortlich für mein Denken und Leben. Und infolgedessen habe ich mich mit Schuld belastet und bin darüber hinaus mit verantwortlich für all jene, denen ich so lange Jahre die Schuld an meiner Misere zuwies, statt mich selbst zu erkennen und meinen Anteil zu bereinigen. – Und was", denkt der jetzt um Klarheit und Durchblick Bemühte weiter, „ergibt sich daraus? Wenn das so ist, was steht dann am Ende meiner Erdenreise? Sollte es ein Leben nach diesem Leben geben, was bringe ich dann mit in das Jenseits, wenn meine Seele meinen Körper verläßt?"

31

Die Fragen werden tiefer: „Habe ich mich überhaupt schon mit meiner Seele vertraut gemacht, oder ist sie mir fremd? Wenn es ein Leben nach diesem Leben gibt, dann stellt sich die Frage, ob ich mich auf meiner Erdenreise gefunden habe. – Und wenn es ein ewiges Leben nach diesem Leben gibt, wo sind dann meine ewigen Wurzeln? Gibt es ein Leben nach diesem Leben", so denkt der Suchende weiter, „dann müßte eigentlich gelten: Wahres Leben heißt angstlos leben."

Wer sich über die vielen Nutzlosigkeiten und Belanglosigkeiten im Alltag Gedanken macht, wer erkennt, wie viel von dem, was ihn bewegt, aufwühlt und gefangennimmt, nur auf eigener Ichbezogenheit beruht, der kommt der Wahrheit immer näher.

„Eigentlich", so meint der Wahrheitssuchende, „liegt die Würde des Menschen nicht im Auskosten des Erdenlebens, in der ständigen Suche nach Glück, Geborgenheit, in der ständigen Verwirklichung dessen, was die Welt bietet – sie liegt in der Selbsterkenntnis über das falsche Denken und Handeln."

Wir lasen soeben: Wahres Leben heißt angstlos leben. – Was bedeutet das? Die Menschen sind, besonders in dieser Zeit, voller Ängste. Man hat Angst vor dem Tod, man hat in mannigfacher Hinsicht Angst vor dem Leben. Wer weiß, daß sich das Leben nach dem Leibestode fortsetzt, fürchtet sich natürlich

nicht mehr vor einer schwarzen Leere, vor dem großen „Aus". Doch angesichts der Tatsache, daß die
moralisch-ethische Qualität unseres Erdenlebens darüber entscheidet, wie unsere Situation im Jenseits
sein wird, kann so manchem, der nicht immer seinem
Gewissen folgte oder dieses gar zum Verstummen
brachte, durchaus angst werden.

Doch wovor haben wir, bei Licht besehen, Angst?
Doch nur vor unseren eigenen Schattenseiten – vor
dem also, was in uns selbst liegt, sei es aus diesem
Leben oder aus einer früheren Inkarnation. Hat der
Mensch z.B. Angst, von seinen Mitmenschen nicht
angenommen zu werden, so kann er sich selbst
erforschen, wie viele und welche seiner Mitmenschen er seinerseits nicht annimmt; fürchtet er, daß
andere über ihn reden und ihn schlechtmachen, so
kann er sein eigenes Denken und Reden über seine
Mitmenschen überprüfen. Erst wenn er seine eigenen
Fehlhaltungen ändert, löst sich die Angst. Einzig
durch Abbau unserer „Erdenschwere", durch Be-
reinigung unseres erkannten Allzumenschlichen,
unserer „Schatten", und die daraus erwachsende Tat
im Geiste des Ewigen können wir an Licht und göttlicher Kraft zunehmen, also uns geistig entwickeln,
wachsen und reifen.

Jeder Erdentag kann ein Reifetag sein. So könnte
gesagt werden: Schaffe dir ein angstfreies Leben. Denn
richtig, gleich weise, leben heißt angstlos leben.

33

Der eine oder andere könnte nun sagen: Was nützen die vielen Gewissensfragen? Man kann sich diese nicht selbst beantworten. Ich habe mein Leben ausgekostet, was für mich bedeutet, ich habe gelebt. Außerdem lebt man nur einmal! Ob es ein Jenseits gibt, ob es überhaupt weitergeht, weiß niemand; es ist noch keiner zurückgekommen.

Wer an der Oberfläche seines Daseins dahintreibt, der will es letztlich so. Er ist geistig träge, denn die Gründe des Lebens auszuloten, zumal seine eigenen Abgründe und Untiefen, kostet zunächst einmal den Mut, sich sich selbst zu stellen. Es kostet die Mühe – immer wieder mit Hilfe der Frage „Warum?" –, sich selbst auf die Schliche zu kommen. Vor allem aber ist für ein bewußtes Leben unerläßlich, nichts unbesehen hinzunehmen, Anstößen, Impulsen aus der Tagesenergie nachzugehen und – besonders sich selbst – Fragen zu stellen. Der ewige Geist läßt keines Seiner Menschenkinder, das nach der Wahrheit und nach tieferer Erkenntnis strebt, im Stich. In Seiner All-Weisheit und Güte, gleich Fürsorge, weiß Er einen jeden so zu führen, daß dieser mehr und mehr sich selbst findet und Ihm näherkommt – sofern er das möchte.

34

*Wer vererbte dem Menschen das
schlechte Genmaterial? Sind Adam
und Eva schuld an seinem Schicksal?*

Schließlich haben wir einen Verstand mit in dieses Erdenleben gebracht und ein Gewissen. Sofern dieses intakt ist, wird es uns irgendwann folgende Hinweise geben, damit wir darüber nachdenken und Fragen stellen, wie z.B.: Gibt es ein „Drüben", ein Weiterleben? Wenn ja, woher kam ich, und wohin werde ich gehen? Warum gibt es so viele Ungerechtigkeiten in dieser Welt? Warum ist der eine mit Reichtum gesegnet, der andere hingegen arm und krank? Wenn es einen gerechten Gott geben soll, wo liegt hier Seine Gerechtigkeit?

Der eine meint: „Das Hab und Gut wird meist vererbt." Der andere ist der Ansicht, wenn es um Krankheit und körperliche Mängel geht, habe dies mit den Erbanlagen zu tun, die in den Genen wurzeln. Und manch einer kommt zu der Schlußfolgerung: „Das Schicksal des Menschen ist in den Genen angesiedelt."

Das hieße dann, daß wir nicht nur unsere reichen Vorfahren oder Eltern beerben – wir erben auch das, was sie uns an Genmaterial mitgegeben haben. Doch mit Sicherheit kommen in einem kürzeren oder längeren Erdenleben nicht alle Erbanlagen zum Tragen, obwohl sie in uns angelegt sind.

Die Betrachtungsweise der meisten Menschen gipfelt in dem Standpunkt: „In jedem Fall sind die anderen schuld an meinem Schicksal bzw. an meiner Krankheit. Eventuell liegt es in der frühen Jugend, in der ich als Kind benachteiligt wurde oder zu wenig Aufmerksamkeit erhielt, oder die Scheidung der Eltern oder andere Turbulenzen im persönlichen Werdegang könnten die Ursache sein."

Man kann viele Gründe anführen, wenn ein Prügelknabe gefunden werden soll. Jeder braucht sein Feindbild, um sich selbst besserzufühlen.

Eine weitere Möglichkeit für die Schuldzuweisung bieten z.B. die Vorfahren, die ein schlechtes Genmaterial in der Ahnenkette zurückgelassen haben. Wer seine Ahnenkette durchforstet, um bei den Vorfahren einen Schuldigen zu finden, der stößt gewiß auf einen ehemaligen Menschen in der Vergangenheit, der unter Umständen das schlechte Genmaterial geschaffen und vererbt haben könnte. Sollte allerdings – was nahliegender ist – das Los der Schuldzuweisung auf die Eltern fallen, dann könnte nach der heutigen Sichtweise ein Psychologe oder Psychiater seinem Patienten raten, sich gehörig Luft zu machen, indem er die Eltern für das verantwortlich macht, was er derzeit zu tragen hat.

Wie sieht es aber aus, wenn nicht die Eltern die Schuldigen sind, sondern ein Vorfahre, dessen Erbgut der „Geschädigte" in sich trägt und aus dessen Gen-

Erbbild nun einiges aktiv wurde? Was würde er zu dem Elternteil sagen, der ihm erklärt, daß die Erbanlagen, mit denen er derzeit kämpft, nach heutiger Erkenntnis von einem Vorfahren vererbt wurden, so daß heute der Sohn oder die Tochter damit belastet sind?

Fragen wir uns: Was nützt es, wenn wir einem unserer Vorfahren die Schuld für unser derzeitiges Erdenleben geben? Er, der Vorfahre, ist nicht mehr unter uns. Nach der irrigen Vorstellung, daß wir nur ein Erdenleben haben, ist der Vorfahre tot – es ist „aus" mit ihm. Gemäß dieser Denkweise hat er uns seine Hinterlassenschaften, die Erbanlagen, übertragen. Dazu paßt die Aussage: „Wir leben in unseren Kindern weiter." Demnach hat jedes Kind in dieser Welt „Erbgutscheine", also Erbanlagen der Vorfahren, in sich. Wem aus der Ahnenkette geben wir die Schuld z.B. an unserem unter Umständen mißlungenen Erdenleben?

Hätten wir die Möglichkeit, einen unserer Vorfahren zu sprechen, um ihm die Schuld an unserem Lebensgeschick zuzuweisen, die Schuld also an unserem Schicksal, an all dem, was das Leben an Beschwerlichem mit sich bringt – was würde wohl dieser Vorfahre sagen? Eventuell würde er – ähnlich wie unsere Eltern – wiederum auf seine Eltern oder auf seine Vorfahren hinweisen, die ihm ihrerseits das schlechte Genmaterial vererbt haben. Nach seinem

Dafürhalten kann er nicht für das die Schuld bekommen, was uns heute widerfährt, denn unsere derzeitige mißliche Lage trug auch er schon in seinen Genen. Er hat sie wohl vererbt, aber dafür kann und will er nicht als „Sündenbock" gelten. Er führt an, am Aufbau und Ausbau seines Genmaterials nicht beteiligt gewesen zu sein, denn dieses wurde auch ihm gleichsam in die Wiege gelegt. Folglich müssen es die Vorfahren der Vorfahren gewesen sein – oder von diesen wiederum die Eltern und von jenen Eltern wieder die Vorfahren.

Eine Generation würde also immer auf die jeweils zurückliegenden verweisen – eine schier endlose Kette. Zuletzt käme man mit den Schuldzuweisungen bei Adam und Eva an. Das Fazit hieße dann: Hätte Eva, „die Sündige", dem Adam, dem Verführten, nicht den Apfel gereicht, so wäre heute alles anders.

Würden wir alle genetischen Defekte aller Generationen auf Adam und Eva beziehen, dann befänden sich z.B. Psychiater und Psychologen auf einer falschen Fährte, die vielfach die Eltern für das mißlungene Erdenleben ihres Sohnes oder ihrer Tochter als schuldig oder mitschuldig ansehen. Soll also für den ganzen fatalen Werdegang der Menschheit Eva in die Opferrolle schlüpfen? Kann man Eva den ungeheuren Berg an Schuld aus menschlicher Ignoranz, Intoleranz und bestialischen Niedrigkeiten anlasten?

Wenn wir nun Eva für die unmenschlichen Ausschreitungen in dieser Welt verantwortlich machen würden, so wäre auch folgende Frage gerecht: Warum hat Adam den Apfel genommen? Warum hat er sich von Eva verführen lassen? Hatte das damalige männliche Prinzip, Adam, einen sogenannten angeborenen „Tunnelblick", der ihm die Weitsicht und Umsicht versperrte und auch den Einblick verwehrte in das, was rechts und links von ihm geschah? Oder ist die Apfelgeschichte lediglich symbolisch zu sehen, ein Bild für den Fall des weiblichen und männlichen Prinzips aus dem Paradies, die Abkehr von Gottes Liebe, Weisheit und Größe?

Mit den mißlichen Erbanlagen sind wir jetzt bei Adam und Eva angelangt, ohne aus dieser Analyse Erhellendes für die Hintergründe unseres Erdenschicksals ableiten zu können. Wie sieht es nun mit den guten Erbanlagen aus, wie z.B. mit positiven Eignungen, mit schöpferischen, wertvollen Talenten, die dem Menschen gleichsam in den Schoß fallen? Wem hätten wir diese zu verdanken? Eventuell auch den Vorfahren? Dann wären diese hervorragenden Merkmale und Besonderheiten also gar nicht unser Verdienst. Wer hat uns diese Anlagen in die Wiege gelegt? Sonderbarerweise werden gute Vererbungen selten detailliert betrachtet und dem Ahnen als Verdienst zugesprochen. Die positiven Attribute, die

39

dem Menschen eventuell zu Ansehen und Vermögen verhelfen, schreibt er allzugern seiner eigenen Strebsamkeit, seinem persönlichen Einsatz, seiner hohen Ethik und Moral, seiner Charakterstärke oder schlicht seiner „Intelligenz" zu.

Nach reiflicher und ernsthafter Überlegung wäre es ungerecht, alle Schicksale, Nöte, Krankheiten und Leiden aller Generationen Adam und Eva anzulasten. Dank unseres Verstandes sind wir in der Lage, zu denken und zu wägen. Und wir sind mit Gefühlen und Empfindungen ausgestattet, in denen unser Gewissen schlägt.

Viele Menschen sind sehr stolz auf ihr Verstandesdenken, das sie als Intellekt oder gar als Intelligenz bezeichnen. Dem Intellekt, dem Verstandeswissen, könnte allerdings dann die Bedeutung nicht abgesprochen werden, wenn der Mensch die wahre Intelligenz, gleich Weisheit, zu Rate zöge – ein im Göttlichen begründetes Attribut, das gerecht zu denken, zu wägen und zu messen vermag. Wer hingegen nur mit dem Verstand, ohne Weisheit, agiert und reagiert, bleibt in seiner Beurteilung einseitig. Er bezieht sich immer auf das Recht, auf die Einseitigkeit, die, global betrachtet, aus der Rechthaberei abgeleitet ist, als deren Wurzel das Herrschenwollen, das Gegen-den-Nächsten – also das Gegenteil von Friedfertigkeit – angesehen werden muß.

Hatte auch Adam diese einseitige Denkweise? Wenn ja, so wäre er es also gewesen, der sie unter Umständen ursächlich vererbt hätte. Daraus wäre dann ein weitreichender Defekt entstanden, der sich über Milliarden von Jahren fortpflanzte. Gehen wir dieser Hypothese nach, so hätte sich aus diesem Makel, dieser Fehlbildung, diesem Charaktermangel – von dem in Vergangenheit und Gegenwart ein Großteil der Menschheit betroffen war und ist – möglicherweise ein rechtsgelehrter Tunnelblick entwickeln können, wie er noch heute weit verbreitet ist, der einseitige Intellekt, ohne die Waagschale wahrer Intelligenz, in der die Gerechtigkeit wägt und mißt. Dieser eventuell vererbte Jahrmilliardendefekt hätte somit zur Folge gehabt, daß in dieser Welt heute das Ego pur herrscht, das immer recht haben möchte, das auf vielfältige und gekonnte Art und Weise immer dem anderen die Schuld und das Unvermögen anlastet.

Da die Menschen seit eh und je gekennzeichnet sind durch ein egoistisches Verhalten, das gegen den Nächsten gerichtet ist, so müßten wir nach dem Gesagten Adam und Eva die Schuld geben an der Misere, die auch die heutige Menschheit prägt, denn im Großen und im Kleinen ist jeder gegen jeden, und jeder reicht den sündigen Apfel immer dem anderen; dieser sei schuld. Wären also Adam und Eva die Parasitenträger, die Wurzel allen Übels, so ergäbe sich daraus die Schlußfolgerung: Wir bräuchten dann eigentlich kein Gehirn, keinen Verstand, sondern nur die Beurteilung der genetischen Erbanlagen, die uns allesamt steuern und die jedem die entsprechende „Apfelscheibe" zuteilen, ohne daß der einzelne etwas dafürkönnte.

Wäre das so angelegt, dann wäre die gesamte Menschheit aller Generationen unschuldig, außer Adam und Eva. Dann wären wir sozusagen nur Marionetten durch das Jahrmilliardenerbe von Adam und Eva. Für solche Steuerungsmechanismen bräuchten wir aber keinen Verstand, auf den doch viele Menschen so stolz sind.

Was nun? Um über den Fall aus dem Paradies detailliert nachzudenken, müßten wir uns von dem Schablonendenken lösen, das zu einem Schubladendenken geworden ist, das besagt: Im Zweifelsfall ist immer der andere der Schuldige. Schließen wir also unsere Schubladen mit dem Inhalt, daß der andere an unserem Schicksal schuld sei, und wenden wir uns noch einmal Adam und Eva zu.

Der Fall – Anspruch und Wahn,
Gott selbst sein zu wollen.
Der Egomane,
der typische Gegenspieler Gottes

Befassen wir uns so weit mit dem Verhalten, mit
der Denk- und Handlungsweise der Menschen, wie
die uns bekannte Menschheitsgeschichte es zuläßt,
und mit der gigantischen Summe einzelner menschlicher Schicksale, so wird jedem Denkenden – unabhängig davon, ob mit dem Kopf oder mit dem Herzen
oder mit beidem gedacht wird – dämmern, daß das
schreckliche Ausmaß von Ursächlichkeiten, das all
die Wirkungen, u.a. Kriege, Mord und Totschlag bis
hin zum Mord an den Tieren und der Schändung der
Mutter Erde, zur Folge hatte, nicht allein aus dem
Erbgut von Adam und Eva kommen kann.

Der Überlieferung, die im Alten Testament ihren
Niederschlag fand, können wir sinngemäß entnehmen, daß Adam und Eva göttliche Wesen waren und
im Paradies, im göttlichen Reich, lebten. Nachdem
sie sich gegen Gott aufgelehnt, gegen Gottes Gesetz
der Liebe und Einheit gesündigt hatten, wurden sie
vom Erzengel Michael aus dem Paradies geleitet.

Hier erhebt sich schon die Frage: Wären Adam
und Eva die einzigen göttlichen Wesen gewesen, die
sich gegen Gottes Liebe erhoben haben, woher kommen dann die vielen Menschen in allen Generatio-

nen? Sind sie „Erdlinge" ohne Seelen, oder wer hat sie geschaffen?

Aus dem Gottesgeist erfuhren wir in dieser großen Umbruchszeit, in der wir als Menschen auf dieser Erde leben, durch das göttliche Prophetische Wort die Wahrheit. Wir hörten, daß sich viele, sehr viele göttliche Wesen – ähnlich, wie es von Adam und Eva berichtet ist – von Gott abwandten, also sündigten und sich über unvorstellbare Zeiten ganz allmählich mit grobstofflicher Energie ummantelten. Diese Vorgänge von kosmischen Dimensionen werden „der Fall" genannt.

Die Ummantelung kann mit einem Kokon verglichen werden: Die Raupe spinnt sich allmählich in eine Hülle ein, um sich nach dem Gesetz der Natur schließlich als Falter zu entpuppen. Ähnlich vollzog es sich, in wenigen Worten gesprochen, bei der Menschwerdung. Somit ist der physische Leib nur der Mantel der Seele, auch Hülle der Seele genannt.

Alle Menschen – von „Adam und Eva" an – tragen in sich den geistig-göttlichen Leib, der im belasteten Zustand als Seele bezeichnet wird. Jede Seele, die sich durch Zuwiderhandlungen gegen das Gesetz der Liebe und Freiheit in ihren Kokonmantel Mensch buchstäblich „eingesponnen", gleich eingewickelt hat, wird diesen beim letzten Ausatmen – dann, wenn der Mensch stirbt – ausziehen. Ob die Seele nun einem Falter gleicht, der sich in die Lüfte

44

schwingt und sich himmelwärts bewegt, kommt ganz auf den Lebenswandel des Menschen an, aus welchen „Materialien", gleich Verhaltensweisen der Kokon bestanden hat, denn die Saat des Menschen ist die Gravur der Seele. Was der Mensch in seinem Erdenleben gesät und gepflanzt hat, das trägt spätestens im Jenseits gute oder schlechte Früchte, je nach Saat und Pflanzung.

Machen wir uns also bewußt: Die Saat – die Inhalte unserer Gedanken, Worte und Handlungen – braucht ihre Keim- und Reifezeit, um in der Folgezeit offenbar zu werden. Jede Saat, ob positiv oder negativ, geht auf, dann, wenn die Zeit gekommen ist. Keine Macht der Welt kann das verhindern.

Eine Schar von göttlichen Wesen wollte also sein wie Gott. Ihnen reichte ihre Göttlichkeit nicht – sie wollten allesamt Gott selbst sein. Wer sich über dieses Ansinnen empört und sich darüber erhaben dünkt, der möge bedenken, daß wir nicht weit zu suchen brauchen, um diesem Gedanken wieder zu begegnen. Denn betrachten wir die Menschheitsgeschichte, so weit, wie wir sie zurückverfolgen können, so begegnen wir immer wieder der Hybris des Menschen, seinem Anspruch und Wahn, Gott selbst zu sein. Mehr oder weniger wollte und will das jeder auf die eine oder andere Weise noch heute.

Die göttlichen Wesen, auch Geistwesen genannt, die in den himmlischen Regionen leben, sind das

45

Gesetz der selbstlos gebenden Liebe, der Freiheit und Einheit. Es ist das Gesetz des mächtigen ICH BIN, das Gott ist. Das Ego des Menschen bezeichnet sich selbst auch als das „ich bin", jedoch in niedrigster Form, auf das Gebundene, Körperlich-Materielle, durch die Sünde Heruntertransformierte, bezogen. Das kleine, niedere, allzumenschlich-ichbezogene „ich bin" des Menschen erhebt sich bis heute gegen Gott, indem der Mensch nicht tut, was Gottes Wille ist. Jeder Mensch ist somit sein persönliches „Kokongesetz", gemäß seinem gottwidrigen Denken und Verhalten. Das hat mit dem Gesetz Gottes, der Liebe, Freiheit und Einheit, nichts mehr gemeinsam.

Der Egomane ist der typische Gegenspieler Gottes. Sein Prinzip heißt: „Ich bin, ich will; alles nur für mich!" Daraus entwickelten und entwickeln sich die unzähligen Varianten in den Ausdrucksformen des „Trenne, binde und herrsche", des satanischen Prinzips des Gegenpols. Jeder ist gegen jeden, und sei es in Gedanken.

Was bedeutet „jeder gegen jeden"?

Ist ein Mensch sehr ichbezogen, hat er nur sein eigenes Wohl im Auge, so ist er nicht für den Nächsten. Das Für-den-Nächsten ist Ausdruck der Einheit. Einheit ist Verbindung, Gemeinsamkeit, ist Gleichheit und Freiheit, das Wohlergehen aller in der großen Familie Gottes.

46

Ist einer also nicht für seinen Mitmenschen, so ist er gegen ihn. Dabei muß sich das nicht unbedingt so ausgeprägt und kraß äußern wie im Falle von Bosheit, Haß oder Feindschaft. Was für uns Menschen unsichtbar bleibt, fällt in der Summe letztlich viel mehr ins Gewicht: der tägliche gedankliche Kleinkrieg gegen den Nächsten, der sich z.B. hinter einer scheinheiligen Fassade des Wohlverhaltens verbirgt, hinter Höflichkeit und Freundlichkeit, hinter Leutseligkeit und süßen Worten. Man hegt Gefühle des Neides, der Abwertung, der Erwartung, des Anspruchs an den anderen, der Rivalität und anderes mehr, die nicht offen zutage treten und gerade deshalb die Atmosphäre vergiften. Diese aggressiven Negativenergien lösen im Mitmenschen einiges aus und belasten vor allem die eigene Seele.

Es kann sein, daß wir im Äußeren eventuell erklärtermaßen für einen speziellen Nächsten sind, uns mit ihm unter Umständen demonstrativ zusammentun, doch im Grunde nur, um ihn in listiger Berechnung insgeheim für uns zu verwenden, für unser Wohlergehen, unseren Nutzen und Profit. Das ist aber nicht für, sondern gegen!

Alle diese verhohlenen Abträglichkeiten wirken sich um so gravierender aus, als ihre zahllosen Urheber sich der explosiven Inhalte ihrer eigenen Gefühls- und Gedankenwelt allzumeist nicht bewußt sind, diese ihre Hintergedanken für „ganz normal" halten und ihnen keine Beachtung schenken. Ihr Gewissen spricht auf diese ihre Untergrundaktivitäten meist nicht mehr an.

Auch Gleichgültigkeit ist gegen das Prinzip der Einheit gerichtet: Das Wohl des anderen liegt mir nicht am Herzen, ich lasse ihn gar links liegen. Da ich nur mich selbst, nur meine Belange achte, nur diese mir wichtig sind, mißachte ich den Nächsten, wobei der Begriff des „Nächsten" auch unsere Übernächsten, die Tiere, letztlich alle Lebensformen und die Mutter Erde mit einschließt. Wie es dem Nächsten geht, ist mir dann gleichgültig; ich setze mich nicht für ihn ein, denn er ist mir nicht nahe.

Daher kann allgemein gesagt werden: „Jeder ist gegen jeden." Warum? Weil jeder nur für sich ist: Ich teile nicht mit dem Nächsten, sondern bejahe die Ungleichheit. So stelle ich mich über ihn. – Die darin zum Ausdruck kommende geistige Verarmung führte zur Verrohung der Menschheit. Sie führt zum geistigen Tod.

Daß der Egomane mit der Zeit den kürzeren zieht, merkt er meist nicht, weil für ihn immer der andere der Schuldige ist. Außerdem schlägt das Kausalgesetz, das Gesetz von Ursache und Wirkung – „Was der Mensch sät, wird er ernten" –, nicht brutal von heute auf morgen zurück. Nach ehernen kosmischen Gesetzen kommt jede ungesühnte Ursache zur Wirkung, allerdings nicht am anderen, sondern am Ab-

48

sender selbst. Er ist gleichzeitig der Empfänger, denn was er sät, wird auch er ernten, und nicht der andere.

Die Inkarnationenfolge aufgrund des Kausalprinzips: Gleiches zieht zu Gleichem

Vergegenwärtigen wir uns die unzähligen Menschen aller Generationen und Zeitepochen, die je auf Erden ihr Dasein hatten, so stellt sich uns die Frage: Waren und sind es so unermeßlich viele göttliche Wesen, die wie Adam und Eva aus dem Paradies geleitet wurden, weil sie sich gegen das Reich Gottes und somit gegen das Gesetz der Liebe und Freiheit aufgelehnt hatten?

Sehen wir das Kommen und Gehen der Menschen in allen Generationen, also ihre Geburt und den Tod, im Lichte der Reinkarnation – von der die Kirchenlehre nichts wissen will –, dann verändert sich die Sichtweise:

Wer als Mensch die Möglichkeiten der Läuterung nicht wahrnimmt, wer also weiterhin gegen Gott und somit gegen Sein Absolutes Gesetz denkt und handelt, kann – noch belastet – als Seele nicht in die ewige Heimat zurückkehren; er bleibt, buchstäblich gesprochen, im Fall. Die entkörperte Seele, also die Seele, die beim Hinscheiden ihres physischen Leibes

49

ohne materielle Hülle ist und die infolge ihrer schweren Belastung nicht in das Reich Gottes, ins Vaterhaus, eingehen kann, wird so lange ins Zeitliche gehen, gleichsam zurückfallen – sich also verkörpern, wieder die Menschengeburt anstreben –, bis sie so weit durchlichtet ist, daß sie die Eingeburt in ihre Urheimat, in die Unendlichkeit, in das Reich ihres wahren Seins, erlangt.

Für manchen Leser wird die Reinkarnation dann logisch, wenn er sich damit beschäftigt, daß keine Energie verlorengehen kann – was z.B. in der Physik auch ein unbestrittener Grundsatz ist – und daß das Leben aus einem mächtigen, unzerstörbaren, ewig bestehenden Energiefeld kommt, das wir im Abendland als Gott, Geist, All-Geist oder All-Kraft bezeichnen. Wir Menschen können kein Leben schaffen, denn Gott ist der Geber des Lebens. Aufgrund der Tatsache, daß keine Energie verlorengeht, könnte man die Möglichkeit in Betracht ziehen, daß eine Seele nicht nur einmal Mensch wird, sondern mehrere Male inkarnieren kann. Daraus folgt sodann, daß unter Umständen einer unserer Vorfahren wir selbst waren – wir selbst als damals inkarnierte Seele. Vor dem Hintergrund dieser Zusammenhänge verstehen wir Weiteres: Daß bei der Wiederverkörperung unsere Seele von denjenigen Menschen angezogen wird, deren genetisches Material zu den unserer Seele

50

gespeicherten Eingaben paßt, zu den „Apfelscheiben", die wir selbst uns – durch unser ungutes Denken und Leben – in Vorinkarnationen angeeignet haben.

Das Kausalprinzip ist das Prinzip der Anziehung. Es lautet: „Gleiches zieht Gleiches an" oder: „Gleiches zieht zu Gleichem". Wir kommen also als Mensch zu jenen Menschen, mit denen wir, seelisch und physisch gesehen, entsprechend unseren Eingaben verwandt sind, um das zu bereinigen, was für dieses Erdendasein an Belastungen aktiv wird, also in dieser Inkarnation in Erscheinung tritt. Das heißt, wir kommen mit der Aufgabe, das wiedergutzumachen, was wir anderen in Vorexistenzen, in Vorinkarnationen, auferlegt und zugefügt haben. Die zum Tragen kommende Belastung erweist sich als Magnet, der Eltern und Kind zueinander führt oder von Geschwister zu Geschwister wirksam wird oder zwischen uns und Menschen, über die wir uns maßlos ärgern, sei es am Arbeitsplatz oder anderweitig.

Zum Beispiel kann es sein, daß wir unterwegs sind und auf einen Menschen treffen, den wir gar nicht kennen. Dennoch regen wir uns über ihn auf, und sei es nur, weil er uns spontan sehr unsympathisch ist. – Wer könnte das wohl sein, der unser Gemüt so merklich in Wallung bringt? Möglicherweise ein Vorfahre, der in Vorexistenzen unser Freund oder unser Bruder, unser Vater, unsere Mutter, unsere Schwester, unser Onkel oder unser Kind war?

Auf jeden Fall weist die lebhafte Gemütsbewegung darauf hin, daß ein Band von Seelenschuld angeklungen ist und sich auf diese Weise bemerkbar macht. Warum? Weil die Schuld gelöst werden möchte. Wodurch? Dadurch, daß wir zunächst in der Erregung uns selbst erkennen, denn unsere Gefühle sprechen gleichsam zu uns, so daß wir ihnen entnehmen können, was in uns vorliegt. Empfinden wir nun Reue über unser gegensätzliches Denken und Verhalten oder eventuell über die negative Grundhaltung, die diesem zugrunde liegt, so bitten wir – im Inneren, über Christus – um Vergebung, vergeben selbst das, was möglicherweise uns angetan worden ist, und übergeben das erkannte Ungute dem Licht des Christus Gottes in uns. Sind wir entschieden, dergleichen Übles nicht mehr zu tun, dann wird durch Seine erlösende, umwandelnde Kraft die von uns gebundene Energie wieder frei; die Negativenergie wird nach und nach wieder in hohe, göttliche Energie hinauftransformiert, die Schuld somit getilgt.

Je nach Sachlage können wir an dem Bruder, an der Schwester, dem einst von uns Geschädigten, auch noch etwas wiedergutmachen, indem wir ihm bzw. ihr mit Rat und Tat behilflich sind.

„Eine schöne Geschichte!", werden Sie vielleicht denken und erinnern sich an das Sprichwort, das sinngemäß heißt: „Wer glaubt, wird selig – und wer nicht glaubt, kommt auch in den Himmel!" Dies ist ein Satz, dem wir unter anderem entnehmen können, daß wir irgendwann vom Himmel kamen und wieder dorthin zurückkehren werden. Doch heimkehren in die ewige Heimat werden wir nicht mit unserem Fall-Verhalten „jeder gegen jeden", sondern einzig im Bewußtsein der Einheit: jeder <u>für</u> jeden und für alle. Denn Gott, das mächtige Gesetz des ICH BIN, ist Liebe und Einheit, nicht Entzweiung.

Blicken wir in diese Welt, so kann gesagt werden: Fast jeder ist gegen jeden. Damit demonstriert der Mensch in seinen gesamten Verhaltensweisen die Entzweiung und nicht die Gemeinsamkeit, gleich Einheit. Wer diese kausalen Zusammenhänge überdenkt, kommt vielleicht zu der Überzeugung, daß es gleichsam ein kosmisches Rad geben muß, das als Wiederverkörperungsrad bezeichnet werden kann.

Wer sich von der Einheit, von Gott, der allumfassenden Urkraft, dem energetischen Allgesetz, das Liebe, Einheit und Freiheit ist, abwendet und in weiteren Verkörperungen immer wieder gegen das urewige Gesetz des Lebens verstößt, kann unter Umständen am Rad der Wiederverkörperung haften, das ihn erst dann freigibt, wenn er seine Schritte in das allwaltende, ewige Gesetz tut, das absolut und unumstößlich ist.

Das Rad der Wiederverkörperung durchzieht die vier Reinigungssphären, auch Reinigungsebenen oder -stufen genannt, zu denen die Erde gehört. In den vier Reinigungssphären, einschließlich der Erde, leben zum einen die entkörperten Seelen, zum anderen die verkörperten, die Menschen auf dem Planeten Erde. In den feinerstofflichen Reinigungsebenen haben die entkörperten Wesen, die Seelen, ihr Dasein. Je nach den energetischen Eingaben in der Seele, die der Mensch durch sein Verhalten im Erdenleben schafft, also entsprechend den Licht- und Schattenseiten der Seele, lebt diese auf jenem feinerstofflichen Planeten in jener Ebene, die schwingungsmäßig ihrer Ausstrahlung gleicht.

Das heißt also: Der Mensch speichert sein gegensätzliches Verhalten – das, was gegen Gott, gegen seine ewige Heimat ist, gegen das Reich der Liebe, Einheit und Freiheit, also gegen das Allgesetz – zum einen in den entsprechenden Bausteinen seines physischen Körpers, zum anderen in seiner Seele und über diese in den entsprechenden feinerstofflichen Planeten, also in jenen Gestirnen, die der energetischen Schwingung der Seele am nächsten sind. Somit gilt auch nach dem Leibestod das Prinzip: Gleiches zieht Gleiches an.

Alles das, was gegen das ewige Gesetz des Lebens ist und der Mensch im Zeitlichen nicht bereinigt, nimmt die Seele in die jenseitigen Welten mit. Das Verhalten jedes Menschen zeichnet nicht nur seinen Körper, sondern prägt auch seine Gene.

Machen wir uns bewußt, daß alles Energie ist und daß jede Energie, die von uns ausgeht, auch wieder in uns, den Menschen, und in unsere Seele eingeht.

Ist z.B. einer gegen den anderen, und bleiben beide unversöhnlich, dann speichert sowohl die Seele des einen als auch die des anderen, was jeweils von ihrem Menschen ausgeht, nicht aber das, was der andere verursacht. Deshalb sagte Jesus in der Bergpredigt: *Schließ ohne Zögern Frieden mit deinem Gegner, solange du mit ihm noch auf dem Weg zum Gericht bist. Sonst wird dich dein Gegner vor den Richter bringen, und der Richter wird dich dem Gerichtsdiener übergeben, und du wirst ins Gefängnis geworfen. Amen, das sage ich dir: Du kommst von dort nicht heraus, bis du den letzten Pfennig bezahlt hast.*

Obwohl Jesus die Gesetzmäßigkeit von Saat und Ernte uns Menschen bildhaft, also überdeutlich, nahebrachte, bleiben viele Kirchengläubige bei der Ansicht, das träfe auf sie nicht zu.

Ob wir Menschen es akzeptieren oder nicht – die Belastungen der Seele sind Lasten, die die Seele überschatten und dem Menschen eine entsprechende Schwere verleihen. Bringt die Seele nach dem Hinscheiden des Menschen schwere Vergehen mit in das

55

Jenseits, dann siedelt sie sich auf den unteren Stufen des Wiederverkörperungsrades an.

Der Mensch, dessen Seele sich nun in Erdnähe aufhält, also auf den unteren Stufen des Verkörperungsrades, hat schon zu seiner Erdenlebenszeit seinen neuen Körper für die nächste Inkarnation geschaffen; es ist eine Matrize, auch Matrix genannt, die sich im materiellen Kosmos aufgebaut hat, über die sich die Seele wiederverkörpert. Entsprechend den Inhalten dieser Matrix gestaltet sich der Körper des Menschen im folgenden Erdenleben.

Nach dem Kausalprinzip regt eine aktive Planetenkonstellation in den Seelen und Menschen diejenigen Eingaben an, die sie in Vorinkarnationen gemeinsam verursachten. Dann inkarniert sich die Seele im Umfeld jener Menschen, mit denen sie das bereinigen sollte, was diese aneinander band, um die Schuld aus Vorexistenzen zu lösen.

Das Prinzip „Gleiches und Ähnliches zieht Gleiches und Ähnliches an" erweckt immer wieder Gleiches und Ähnliches in Seelen und Menschen, bis das, was zwischen ihnen schuldhaft vorliegt, behoben ist.

Es gibt unzählige Ursachen, deren Wirkungen die Inkarnationen einleiten. Eines ist gewiß: Ob positiv oder negativ – nichts, aber auch gar nichts in unserem Erdenleben ist Zufall!

Man fragt sich: Gibt es in dem Gewirr von Kausalbindungen auch einen Unschuldigen? – O ja. Sind bei einem Menschen die Gier, der Haß und der Neid auf dem tiefsten Stand, so daß es ihm an jeglicher Einsicht mangelt, dann kann unter Umständen ein Mitmensch, der z.B. einen Auftrag oder eine Aufgabe auszuführen hat und auf den diese satanischen Gedanken und Wünsche gerichtet sind, darunter leiden, also ein Unschuldiger. Bildet dieser nun kein kausales Gegengewicht, begegnet dem Tyrannen also nicht mit Gleichem oder Ähnlichem, dann bleibt die Schuld einseitig.

Jede Schuld, ob beidseitig oder einseitig, muß irgendwann getilgt werden.

Die Gnade Gottes – der Mensch
hat die Freiheit, sie anzunehmen …
Die Vorzüge einer rechtzeitigen,
ehrlichen Rückschau

Mancher Leser wird sich nun der Gnade erinnern in der Frage: Wo bleibt hier die Gnade, wenn Gott Liebe ist? Antwort: Die Liebe Gottes ist auch die Nächstenliebe, in der die Gnade wirksam ist.

Die Gnade kommt einzig von Gott. Sie strahlt in unser Gewissen ein, um uns zu vermitteln, was Gerechtigkeit und was Ungerechtigkeit ist. Hat der

Mensch jedoch sein Gewissen abgetötet, was meist durch ständige Schuldzuweisungen gegenüber anderen erfolgt, dann bauen sich Haß und Feindseligkeiten auf, die zu Tätlichkeiten führen können, wodurch der Mensch allmählich mit einem Getriebenen gleichzusetzen ist, der um sich schlägt und sich auf mannigfache Art und Weise hervortut, einzig, um seinem niederen Ich zum Triumph zu verhelfen. Das bedeutet, daß die Brücke zur Hilfe und Gnade, zu Gott, unterbunden ist. Die Folge ist, daß das Gewissen kaum mehr anschlägt, wodurch sich ein immer tieferer Graben zwischen Gott und Mensch auftut. Dadurch treten immer mehr die Entzweiung, der Kampf, der Streit, der Krieg, das Böse, das Satanische, all das, was gegen Gottes Liebe und Einheit ist, in den Vordergrund.

Gott wird Seine Gnadenhand niemals vom Menschen nehmen, doch Er wird ihm auch die Gnade nicht aufzwingen, denn das Gesetz des freien Willens besagt: Wer auf Gott, die Liebe, Gnade und Hilfe, einen Schritt zugeht, dem kommt Gott mehrere Schritte entgegen.

Die kosmische Gesetzmäßigkeit der Freiheit läßt uns also den freien Willen, wann wir den ersten Schritt auf Gott zutun. Gottes Willen erkennen wir in den Zehn Geboten und in den wahren Lehren des Jesus, des Christus.

Wer diese Welt ernsthaft unter die Lupe nimmt, sieht mit Schrecken, wohin sich die Masse der Menschen wendet. Viele, sehr viele Menschen bewegen sich ruhelos und mit viel Tamtam gleichsam auf das Komfortschiff „Titanic" zu, das dem Untergang geweiht ist. Auch wenn das Lied „Näher, mein Gott, zu Dir" ein Hilferuf sein soll – ohne Selbsterkenntnis und Reue verhallt es doch in dem Wellengetöse dieser Welt. Es nützt kein Lied und auch kein Beten, wenn der Mensch nicht erfüllt, was Gottes Wille ist.

Es nützt auch nichts, wenn der Mensch viel von Gott redet und gleichzeitig dem Satan die Schnürsenkel seiner Schuhe bindet, damit dieser schnellen Schrittes vorankommt, um weiteres Unheil anzurichten. Viele sogenannte Prediger sprechen vom Weg zu Gott. Wer allerdings nur darüber spricht und ihn selbst nicht geht, kennt das Ziel und den Weg nicht. Weil er beides nicht kennt, wird er viele in die Irre führen. Jeder, der dem wahren Ziel zustrebt, um zur ewigen Wahrheit zu finden, die ihn erfüllt und weise macht, muß zuerst den Berg seines Allzumenschlichen, seines Gegensätzlichen, mit Gottes Hilfe und Gnade schrittweise selbst abbauen. Dabei kann er sich Gottes Liebe und Hilfe sicher sein.

Auch die „heiligen" Lieder, Gebete und frommen Sprüche erreichen Gottes Herz nicht; denn wer nur redet und nicht tut, was Gott will, der streckt auch die Hand nach Gott, dem Ewigen, nach Seiner Liebe und Gnade, nicht aus. Gemäß den Worten Jesu gibt es nur zwei Möglichkeiten – Gott oder der Satan. Jesus sagte: *Wer nicht für mich ist, der ist gegen mich* … Wer sich der Welt und ihren Lockungen zuwendet, dessen Hand wird vom Widersacher erfaßt, der ihn immer tiefer hinabzieht, in das Gewühl und in das allzumenschliche Gewürm.

Der entscheidende Schnittpunkt in der Kette unseres Lebens „hüben und drüben" ist jeweils das Ende einer Inkarnation. Was zu diesem Zeitpunkt die Seele an Belastungen trägt, nimmt sie mit in die Seelenreiche. Dort ist nicht – wie auf der Erde als Mensch – die Möglichkeit gegeben, durch rechtzeitige Selbsterkenntnis und Bereinigen der Schuld diese zu tilgen, bevor die Wirkungen einsetzen – somit also den Wirkungen zuvorzukommen und sie abzumildern oder abzuwenden –, sondern es bleibt der Seele „drüben" nur der bittere Weg der Abtragung. Daher wäre es ratsam, spätestens im Alter, in der letzten Phase des Erdenganges, selbstkritisch und ehrlich Rückschau zu halten.

Noch einmal als Anregung einige Fragen, die sich, wer das möchte, stellen könnte:

Hat sich dieses Erdenleben gelohnt? Was nehme ich mit hinüber in das Reich des „Unsichtbaren"? Wem habe ich mit all meinem Denken, Reden und Handeln angehört und gedient, mit all dem Hadern gegen Gott, mit meinem Neid und meiner Feindseligkeit, mit dem Kampf gegen den anderen? War ich von Gott geführt, oder wurde ich von einer unsichtbaren negativen Kraft gesteuert? Wenn letzteres der Fall war – wer lenkte mein Lebensschiff, und wie wird es für mich „nachher" weitergehen?

Hinsichtlich dieser „Bestandsaufnahme" wäre auch zu bedenken, daß nicht jeder Mensch ein hohes Lebensalter erreicht, für ihn also unter Umständen diese Inkarnation bereits in jungen oder in mittleren Jahren endet. Haben wir erkannt, daß eine solche Lebensbilanz für uns und unsere Seele von Wert sein könnte, wäre es folglich gut, diese nicht allzulange vor uns herzuschieben.

Nach dem Leibestod wird sich die entkörperte Seele, deren Lebensschiff sich auf dem Ozean des Erdendaseins im Kreis drehte, „drüben" sehr schwer zurechtfinden. Keiner kommt umhin, sich zu entscheiden, wem er folgen möchte – Gott oder dem Gegenspieler Gottes, dem Satanischen, dem Finsterling. Wer das Ruder seines Lebensschiffs nicht selbst fest in die Hand nimmt, der treibt gar leicht dorthin, wohin er eigentlich nicht wollte.

Lesen wir noch einmal, was Jesus sagte: *Wer nicht für mich ist, der ist gegen mich ...* Und in der Offenbarung des Johannes steht: *Weil du aber lau bist, weder heiß noch kalt, will ich dich aus meinem Mund ausspeien.*

Auf dieser Erde gibt es folglich nur zwei Kräfte.
Die eine Kraft ist Gottes All-Weisheit, Liebe und
Einheit, die unerschöpflich ist und aus sich heraus
ewig besteht. Die andere Kraft ist die satanische
Energie, die Fall-Energie, die allerdings nicht aus sich
zu bestehen vermag, sondern auf das Energiepotential
derer angewiesen ist, die weder heiß noch kalt sind.

Der Widersacher geht also mit einer „Saugglocke"
umher, mit der er die miserable Energie, die gleichsam mit ansteckenden Bakterien durchwirkt ist, bei
jenen Menschen teilweise absaugt, die im satanischen Pfuhl ihr Dasein fristen. Davon führt er auch
anderen einen entsprechenden Teil zu, jenen, die
ebenfalls in den Fußspuren des Gegenspielers Gottes
gehen. Damit hält er die ihm treu Ergebenen weiterhin gefügig.

Die Gotteskraft hingegen empfängt vermehrt nur
jener Mensch, der sich der ewigen, reinen Lebensenergie zuwendet, indem er Schritt für Schritt die
Gebote Gottes und die Lehren des Jesus, des Christus, erfüllt, das göttliche Gesetz für uns Menschen
auf dieser Erde, das ich in seiner Gesamtheit „die
Goldene Lebensregel" nennen möchte. Dazu bedarf
es keiner Kirche aus Stein und keiner ihrer Prediger,
sondern einzig des Christus Gottes, des ewigen Geistes, der göttlichen Energie, die in jeder Seele und
in jedem Menschen wohnt und wirkt.

Die Materie – eine fallbedingte Erschei-
nungsform und nicht von ewigem Bestand.
Reichtum aus den Händen der Finsternis –
die unheilvolle Folge: ärgste Abhängigkeit
über Inkarnationen

Unser Planet Erde wird von der erhaltenden, der
positiven Lebensenergie, Gott, getragen, so auch alle
Lebewesen und alle Lebensformen in und auf der
Erde, in den Gewässern und in der Luft. Das alles
durchdringende Leben, Gott, ist ebenfalls als geistige
Grundsubstanz in der „Welt", die aus den Einrichtungen der Menschen besteht, aus ihren Gesetzen,
aus all dem, was das menschliche Ego auf dem Planeten Erde geschaffen hat.

In unserer Welt wirken also sowohl das Positive
als auch das Gegensätzliche, das Negative, Ungött-
liche. Der Mensch, der das Ebenbild göttlicher Liebe,
Einheit und Freiheit sein sollte, ist zu seinem Ego-
Bildnis geworden. Die meisten Menschen denken in
den Kategorien des „mein" und „mir". Daraus ent-
wickelte sich die Zerstörungssucht, die dann einsetzt,
wenn die Ansprüche und Forderungen der egoistischen Selbstliebe keine Erfüllung finden.

Gott ist auch im Negativen das Positive, der
innere Kern positiver Kraft, die Lebensenergie, ohne
die nichts bestehen kann; somit ist Er auch in dieser
Welt. Gott jedoch hat die luziferischen Auswüchse

in unserer Welt nicht geschaffen. Weil Gott, die ewige Liebe, auch im Gegensätzlichen das Gute, das Positive, ist, haben wir Menschen die Möglichkeit, das, was wir uns an Gegensätzlichem aufgelastet haben, zu erkennen und – mit der göttlichen Hilfe – in Positives, in den Willen Gottes, umzuwandeln, indem wir Seinen Willen tun.

Das All-Sein ist die ewige Kraft, das Ur-Energiefeld, das allgegenwärtig ist. Es ist unauslöschbar, unvergänglich. Hingegen besteht die satanische Energie, die auch Fall-Energie genannt wird, nur so lange, wie ein entsprechender gegensätzlicher Austausch dieser negativen Energie möglich ist, das Senden und Empfangen heruntertransformierter Kräfte, die Kommunikation von Allzumenschlichem, Satanischem. Dieser Austausch erfolgt von negativ gepolten Menschen zu negativ gepolten Menschen.

Die Materie wird nicht ewig bestehen. Sie ist eine fallbedingte Erscheinungsform für jene Wesen, die sich von Gott abgewendet haben, um ihnen die Gelegenheit zu geben, sich Ihm, dem großen Geist, wieder zuzuwenden. Keine Seele geht verloren; irgendwann erwacht sie und kehrt zurück ins Vaterhaus.

Die Zeit kommt, da die gegensätzliche Energie, die Fallenergie, verbraucht, gleich aufgebraucht ist. Dann ist es mit dieser lasterhaften Welt zu Ende. Verfolgen wir in unserer Zeit die Nachrichten, so merken wir – besonders dann, wenn wir „zwischen den Zeilen" das herauslesen und -hören, was nicht geschrieben oder gesprochen wird –, daß sich der Erdplanet anschickt, sich von dem allzumenschlichen Tand zu reinigen.

In unserer Welt ist das Streben nach persönlichem Besitz, nach Geld und Gütern, das Gebot des Egos. Viele Menschen, die auf das materielle Leben ausgerichtet sind, haften am Wort von „Predigern" und Referenten, die dem Menschen weismachen wollen, wie man bequem reich werden kann. Viele dieser Redner leiten ihre Hinweise aus der Bibel ab, in der sinngemäß die Aussage zu finden ist: Gott, der in dir ist, ist die Fülle der Kraft; er will, daß du reich bist. – Z.B. lesen wir in den Sprüchen: *Der Lohn für Demut und Gottesfurcht ist Reichtum, Ehre und Leben.* Bei Sirach: *Leicht ist es in den Augen des Herrn, den Armen plötzlich und schnell reich zu machen. Gottes Segen ist der Lohn der Gerechten.* Und Psalm 112: *Wohlstand und Reichtum füllen sein Haus; sein Heil hat Bestand für immer.*

Die besagten „Geschichtchen" menschlicher Verschleierung sind darauf angelegt, dem Zuhörer weiszumachen, daß der Reichtum des Menschen, seine Millionen oder gar Milliarden, im Willen Gottes seien. Auf dem entsprechenden Bibelwort bauen sie ein System auf, das an magische Praktiken erinnert, indem sie daraus z.B. folgern: „Gott will, daß auch du reich wirst. An dem Reichsein, das auch dir zusteht, darfst du nicht zweifeln, denn du bist jetzt schon Träger des Reichtums; er ist in dir angelegt. Gott will", so sprechen diese Propagandisten, die Verfechter irdischen Wohlstands, „daß du dafür sorgst, daß es zum Tragen kommt."

Es entsteht also der Eindruck, als läge der Reichtum bereit wie ein Schatz, der nur darauf wartet, gehoben zu werden, einem Erbe gleich, das angetreten werden soll. Und wie, auf welchem Wege, soll sich das vollziehen? Das – man möchte sagen: teuflisch – Raffinierte an dieser Methode ist: Man bedient sich ganz unverhohlen, allerdings mißbräuchlich, des göttlichen Prinzips „Senden und Empfangen", denn die weiteren Hinweise lauten sinngemäß: „Das bedeutet für dich: Jeden Tag uneingeschränkte und bedingungslose Bejahung des Reichtums, also ohne daß du jemals einen Zweifel hineinlegst. Durch deine absolute Bejahung und deine Wachsamkeit, sofort zu reagieren, wenn sich die Wege zum Reichsein auftun, kommt das Vermögen, der Reichtum, entsprechend der Intensität der Vorgaben auf dich zu."

Wer mit diesen und ähnlichen gezielt eingesetzten Gedankenenergien arbeitet und daraufhin Reichtum erlangt, wem nun Geld und Güter zufließen, der ist dann der Überzeugung, daß er von Gott gesegnet wurde. In Wirklichkeit ist es eine von Dämonen herbeigeführte Täuschung. Über viele unerklärbare Wege, über den Erfolg im Beruf, über eine Heirat, die mit Vermögen „gesegnet" war, und weiteres mehr kam der „Segen" auf die Konten. Der „Glückliche" erwarb Güter und spekulierte an der Börse. Er wurde Großaktionär.

Endlich reich! Die Türen der wohlhabenden Gesellschaft stehen offen. Nun ist vieles möglich. Was die Welt bietet, kann man in vollen Zügen genießen. Wozu soll man sich einschränken? Wozu sich selbstkritisch mit der Sünde auseinandersetzen, wo doch auch Luther – der nicht gerade arm war – dem Sünder mit folgender Aussage einen „Freibrief" zum Sündigen gab? Er sprach: *Sündige tapfer, doch glaube noch tapferer.*

Der Reichtum regt an, mit dem Vermögen wiederum zu spekulieren. An der Börse hat man ebenfalls „Glück". Der Reichtum vermehrt sich. Das besticht und inspiriert ihn, den nun Reichen, weitere Sachwerte zu erwerben, eventuell auch Einrichtungen zu schaffen, die lukrativ und gewinnbringend sind. Man will sich immer mehr selbst beweisen, denn in unserer Gesellschaft steht Reichtum für Macht, Stärke, Sicherheit und scheint gar Freiheit und Glück zu garantieren. Reichtum verleiht dem Reichen den Nimbus von Größe. Man stützt sich vielfach auf äußere Werte, wo es an inneren mangelt.

Die Arbeitnehmer in den gewinnbringenden Einrichtungen werden nicht selten wie ehemals die

Sklaven gehalten. Für unseren Neureichen, der nach Macht und Ansehen strebt, sind die Angestellten und Arbeiter dienendes Fußvolk, die es zu nichts bringen, weil sie die „Lehre", die zum Reichtum führt, nicht anwenden. Sie sind „Schwächlinge". Sie sind dazu da, für den „Starken", den Machtmenschen, Umsatz und Gewinn zu erzielen.

Die Energie, die der Machtmensch für seinen Reichtum aufgewandt hat, hat sich gelohnt: Er lebt fürstlich. Und bei alledem ist er sich keiner Schuld bewußt, denn er glaubt, Gott habe ihm den Reichtum gegeben. Er hält sich für einen „Auserwählten".

Der Neureiche ist alles andere als ein Gönner. Er ist Antreiber. Seine Meinung ist, wie gesagt, daß „die anderen" mit einer blinden Herde vergleichbar sind, die sich den Reichen und ihrem Reichtum deshalb unterwerfen, weil sie selbst nicht in der Lage sind, sich dahingehend zu programmieren, daß man reich wird. Er meint: „Wie arm und einfältig sind die, die kraftlos dahinvegetieren! Sie verdienen es nicht anders. Sie sind weit entfernt von der imaginären Energie, die besagt: Du hast in dir die Kraft, reich zu sein."

Der „Prediger" und der Referent, beide haben den nun Neureichen auf eine Fährte gelockt, die in die ärgste und folgenschwerste Abhängigkeit, gleich Unfreiheit führt. Wie bei vielen Menschen, so waren auch in ihm gegensätzliche Anlagen vorhanden, die dies möglich machten. Denn der Spruch, der vielen

68

Menschen das Gewissen abhanden kommen läßt, lautet: Wir sind allzumal Sünder.

Der Mensch, der durch die Negativenergie, die Fall-Energie, reich wurde, hängt nun am Tropf der satanischen Kräfte, die ihm Energie zufließen lassen, solange sie ihn für ihre Zwecke gebrauchen, gleich mißbrauchen, können. Wer sich den Gegensatzkräften hingibt, dem wird so lange Energie übertragen, wie er mehr Leistung bringt, als ihm zufließt. Ist dieses „Energiegeschäft" – „Ich gebe dir, dann gibst du mir, und möglichst mehr" – nicht mehr lukrativ genug, weil sich der Energielieferant z.B. zurückzieht und andere Interessen verfolgt, die weniger einbringen als die erbrachte Vorleistung, die „Investition" der Finsterlinge, dann wird er von der Gegenseite schlichtweg fallengelassen. Die Folge ist: Die Erfolge schwinden, und Mißerfolge leiten eventuell den Ruin ein. In diesem Fall tritt die Wirkung schon in diesem Dasein ein. Der Niedergang hat mehrere „Kahlschläge" in sich, wie z.B. durch Erbauseinandersetzungen oder durch Betrug oder durch Verlust seiner einflußreichen Position, und was der Möglichkeiten mehr sind.

Der Gegenspieler Gottes ist immer darauf aus, Zwietracht zu säen, was besagt, er schürt die Emotionen, so daß bald jeder gegen jeden ist. Auf diese Weise wird immer wieder satanische Energie freigesetzt, mit der der Widersacher entsprechend seinem

69

Prinzip „Trenne, binde und herrsche" weiter arbeitet. Der Gegenspieler Gottes läßt die von Menschen entwendete Energie nur jenen seiner Gesinnungsgenossen zufließen, die sie für ihn vermehren, durch das gleiche Prinzip: Jeder gegen jeden.

Wie schon gesagt, das geht so lange „gut", wie der Empfänger den Willen der dunklen Mächte erfüllt, indem er die geliehene Energie entsprechend verwaltet und einsetzt. Können die satanischen Mächte einen solchen Menschen nicht mehr gebrauchen – hierfür gibt es viele Gründe –, dann wird nicht mehr in ihn „investiert". Eine Investition soll sich schließlich auszahlen.

So unerklärlich, wie er zu Reichtum gekommen war, indem ihm einfach – wie von selbst – vieles gelang, so ist es nun umgekehrt. Ihm gelingt nichts mehr; er ist abgeschrieben. Trotz dieser Abnabelung von dem gegensätzlichen Tropf bleibt er und somit seine Seele an diese satanische Austauschenergie gebunden, weil die Gegenseite beim Empfänger noch Energie einfordern kann, da sie mehr Vorschußenergie leistete. Dieser Mensch bzw. seine Seele steht also in der Schuld der Finsterlinge, die jetzt voll Zugriff auf ihn haben. Und: „Die Geister, die ich rief, werd' ich nun nicht los."

Nach dem Leibestod dieses Menschen bleibt seine Seele dem dämonischen Energiefeld verpflichtet, was besagt, daß die satanische Energie, die nur eine

Leihgabe war, in einer anderen Inkarnation, einer späteren Menschwerdung, wieder eingefordert wird. In dem neuen Erdendasein wird dieser Mensch z.B. die Sklavenarbeit verrichten, die er einst als Reicher seinen Mitmenschen aufgezwungen hat, oder er wird unter der Knute eines Menschen stehen, der eine hohe Position bekleidet. Oder diese Seele muß gar im Dienste der dunklen Macht zur Inkarnation gehen, um auf der Erde einen dämonischen Auftrag auszuführen.

Das Blatt hat sich gewendet. Wer dem dient, der die Welt beherrscht, wird irgendwann der Unterlegene sein. Die Gegensatzkräfte fordern die geliehene Energie zurück, denn die Existenz der Gegenspieler Gottes ist auf ein bestimmtes Quantum an Fallenergie bezogen, das heißt, sie sind darauf angewiesen.

Jesus sprach: *Niemand kann zwei Herren dienen; er wird entweder den einen hassen und den andern lieben, oder er wird zu dem einen halten und den andern verachten. Ihr könnt nicht beiden dienen, Gott und dem Mammon.* Jesus sagte auch kurz und knapp: *Wer nicht für mich ist, der ist gegen mich.*

Warum greift Gott nicht ein?

Die Fall-Energie ist auf Nehmen ausgerichtet, und sie ist auf ein bestimmtes Volumen begrenzt. Die Gotteskraft hingegen ist unerschöpflich, ewig gebend. Sie ist das unbegrenzte Leben, das ewig währt. Leben ist Gott, und Gott ist gebende, unpersönliche Liebe, Einheit und Freiheit.

Viele Menschen sind der Ansicht, Gott, der Ewige, müßte sich den Menschen zeigen, zumindest aber in dieser Welt eingreifen und das Böse vernichten. Würde jedoch Gott das Böse vernichten, so wäre er ein kriegerischer Gott und nicht die verbindende Liebe. Und: Würde Gott vernichtend eingreifen – wie wäre es dann um die meisten Menschen bestellt? Fragen wir uns: Wer ist nicht mitschuldig an dem Chaos, an dem Desaster in dieser Welt, zumindest durch seine negativen Gedankenaktionen? Wer kann von sich sagen, er gehöre ausschließlich zu den Guten, die Er, Gott, auf Seine Seite ziehen könnte – da man doch über viele Jahrhunderte, statt die Vollkommenheit anzustreben, dem suggestiv wirksamen „Leitsatz" folgte: „Wir Menschen sind allzumal Sünder."? – Wo stünden die meisten Menschen, wenn Gott das Böse bekämpfen und vernichten würde? Wo stündest du, lieber Leser, zur rechten oder zur linken Seite Gottes?

Wer hat diese Welt so gemacht, wie sie heute ist? War es Gott, der Ewige, oder sind es die Menschen? Hat nicht jeder Mensch einen Anteil an dem fatalen, gleich desolaten Zustand dieser Welt? Allzuschnell haben wir die Entschuldigung auf unseren Lippen, daß wir keinem Menschen etwas zuleide tun; wir sind der Meinung, daß wir jedem Menschen die Freiheit lassen, das zu tun, was dieser will. Wäre das wahrhaft so, dann müßten auch unsere Gedanken weitgehend in Ordnung sein. Wie sieht es jedoch in unseren Gedanken aus? (Wobei anzumerken ist, daß sehr viele Menschen sich ihrer Gedanken nicht bewußt sind, sie diese also wenig kennen.) Und wie verhalten wir uns im Alltag? Wie oft ziehen wir auf die eine oder andere Weise, offen oder verhohlen, gegen unsere Mitmenschen zu Felde?

Gemäß dem Bild vom Balken und Splitter, das uns Jesus nahebrachte, sollten wir zuerst unseren Balken, unser Denken und Verhalten, näher betrachten. Tun wir das, so werden wir zu der Überzeugung kommen, daß nicht nur die anderen viel, sehr viel negativ denken, reden und auch tun – wir werden uns selbst zugehörig fühlen gemäß dem „Balken im eigenen Auge".

Jeder gegensätzliche Gedanke, jedes gegensätzliche Wort und entsprechende Handlungen sind Energie für die Finsternis. Wäre jeder jedem wohlgesonnen, würde jeder dazu beitragen, daß der andere glücklich ist, so gäbe es immer weniger Haß, Neid, Habgier und Kriege. Die Welt wäre dann um vieles lichter, und die Menschen kämen sich in Freundschaft und wahrer Liebe näher.

Weil wahres Glück nicht unser Fassonschnitt ist, sondern wahres Glück nur von Gott kommt, kann gesagt werden, daß die Menschheit, als Ganzes gesehen – der eine mehr, der andere weniger –, zu der heutigen Situation in unserer Welt beiträgt. Demzufolge fielen die meisten Menschen unter die Kategorie „böse" und wären also Teil dessen, was Gott, wie so mancher meint, vernichten sollte.

Weder gebietet Gott dem Kreislauf der Selbstvernichtung in dieser Welt Einhalt, noch greift Er in unser gegensätzliches Verhalten ein. Gott, der Ewige, mahnt uns zu Einsicht und zu Umkehr. Entweder vernichtet der Mensch sich und die von ihm geschaffene Welt selbst, oder er kehrt um und wendet sich dem Leben zu, das Gott ist.

In den vielen Situationen, die die Tage mit sich bringen, fühlt so mancher von uns, daß er öfter am Tag vor einer Entscheidung steht, an einer Wegkreuzung. Welchen Weg wir einschlagen, bestimmen wir selbst. Die Hilfe für unsere Entscheidung käme aus der Goldenen Lebensregel, aus den Geboten Gottes und den Lehren des Jesus, des Christus, sofern wir sie annehmen wollen. Ja, es würde schon sehr viel bewirken, wenn wir uns die Aussage des Satzes zu

Herzen nähmen: „Was du nicht willst, daß man dir tu, das füg' auch keinem anderen zu." In diesen Momenten sind wir gefragt: Entweder positiv oder negativ. Entweder für den anderen oder gegen ihn. – Hand aufs Herz: Meist lautet die Entscheidung – zumal, wenn es um unser persönliches Wohl geht – „im Zweifelsfall für mich".

Würde nun Gott bei demjenigen, der im „Zweifelsfall" für sich entscheidet, eingreifen, wie würde das wohl aussehen? Wäre der Betreffende auf der Seite der Guten oder der Sünder? Allzu schnell gießen wir Gut und Böse in einen Topf mit der Begründung, wir Menschen seien „allzumal Sünder". Hat Jesus in Seinen Lehren uns Menschen diese Ausrede verkündet, oder ist das die Lehre der evangelischen Theologie?

Gehen wir davon aus: Gott ist uneingeschränkt das Gute. Tief im Seelengrund sind wir Gottes Schaffung, Seine göttlichen Wesen und somit das Gesetz der Liebe, das gut ist. Durch die Abkehr von Gott baute sich die Sünde auf. Durch das permanente Sündigen in Gedanken, Worten und Verhaltensweisen entstand also, global gesprochen, das Böse. Gut und Böse können niemals eins werden. Beide Energieströme sind grundverschieden. Hingegen sind Liebe und Freiheit eins, weil sie göttlich sind und nicht allzumenschlicher Natur. Daher kann gesagt

werden: Alle „Herrlichkeit der Welt" ist allzu-
menschlich und somit vergänglich.

Da Gott, der Ewige, Seinen ewigen Söhnen und
Töchtern und infolgedessen auch uns Menschen den
freien Willen gab, greift Er weder in diese Welt ein
noch in unser „Alles-nur-für-mich". Gott, der Ewige,
geht in Christus, unserem Erlöser, jedem Sünder
nach, um bei nächster Gelegenheit dem Menschen
den Weg zum Guten aufzuzeigen.

Jeder Augenblick im Dasein ist wertvoll.

Wer über sich nachdenkt, könnte folgende Gegebenheit in seine Gedanken mit einbeziehen: Nicht
Gott entfernt sich vom Menschen – der Mensch ent-
fernte und entfernt sich von Gott.

Beim Über-uns-Nachdenken, wäre auch folgende
Aussage wert, daß wir sie im Hinblick auf uns selbst
betrachten: Der Mensch wendet unsagbar viel Energie auf, um zu sündigen. Würde er sich nach innen
wenden und Gottes Hilfe erbitten und mehr und
mehr Seinen Willen tun, bräuchte er viel weniger
Energie, um gut zu werden und Gutes zu tun. Das
innere Glück ist die Weisheit des Lebens, das äußere
Glück, das nur kurz von Dauer ist, ist Zerfall.

Gott wird also in das Erdenleben des einzelnen
nicht eingreifen, außer wir bitten Ihn um Hilfe und
Beistand. Damit der Ewige uns zu erreichen vermag,
sollten wir schrittweise Sein Gesetz der Liebe erfül-

len; dann erst fühlen wir uns von der ewigen, einzig positiven Kraft getragen. Wäre Gott ein kriegerischer Gott und ein Gott der Rache, wie viele glauben, dann hätte Er uns durch Mose nicht die Gesetzmäßigkeiten aus Seinem ewigen Gesetz offenbart, die Zehn Gebote, und Jesus, der Christus, hätte uns nicht die Liebe Gottes und die Lehren Seiner Bergpredigt ans Herz gelegt, die Er uns Menschen selbst vorlebte.

In der materiellen Welt, auf diesem Planeten Erde, wollen die meisten Menschen – vielfach mit heimtückischen Methoden – ihr Glück erzwingen. Doch weder im Klassenkampf noch in der Klassenlotterie, noch im Nationalstolz, noch im Parteienwahn und Konfessionsegoismus, noch im Wirtschaftswunder ist das Glück zu finden. Meistens endet die Suche nach dem irdischen Glück in einem Tal von Enttäuschungen, Tränen, Leid, in endlosen Sorgen oder Krankheit. Am Ende des Erdenweges fragen sich dann viele: War das alles? War das mein Leben? Ja, war das überhaupt Leben? Habe ich es gelebt? Oder wer war es, der durch mich gelebt hat? Oder durch wen habe ich gelebt? – Weil das „Leben" meist nicht so lief, wie man es sich gewünscht hat, bleiben am Ende der Erdenwanderung die Enttäuschung und Verbitterung.

Seit dem Sündenfall zelebriert jeder Mensch – der eine mehr, der andere weniger, wie es ihm eben möglich ist oder möglich gemacht wird – sein Ego, das sich immer auf die Person, auf sich selbst, bezieht, was heißt: Alles nur für mich! – Wenige denken darüber nach, daß Gott dem Menschen die Freiheit gab, so, wie das göttliche Wesen im Seelengrund jedes Menschen absolut frei ist.

Machen wir uns des öfteren bewußt: Jeder Mensch hat einen Verstand mit auf den Weg ins Erdenleben bekommen, um zu denken, zu überlegen und eine Entscheidung zu treffen. Damit er in der Frage, was Gott will, eine Orientierung hat, gab ihm der Ewige, sein himmlischer Vater, die Gebote durch Mose, Seinen Propheten. Der Mensch kann also für sich selbst entscheiden, wie er es möchte. Für was er sich entschließt, das obliegt einzig ihm selbst. Infolgedessen trägt er auch dafür die Verantwortung. Sät er Unkraut, so erntet er Unkraut. Sät er gute Früchte, erntet er auch gute Früchte. Jesus sagte:

Es gibt keinen guten Baum, der schlechte Früchte hervorbringt, noch einen schlechten Baum, der gute Früchte hervorbringt. Jeden Baum erkennt man an seinen Früchten: Von den Disteln pflückt man keine Feigen, und vom Dornstrauch erntet man keine Trauben. Ein guter Mensch bringt Gutes hervor, weil in seinem Herzen Gutes ist; und ein böser Mensch bringt Böses hervor, weil in seinem Herzen Böses ist. Wovon das Herz voll ist, davon spricht der Mund.

Das Gesetz von Ursache und Wirkung –
Ausdruck der Liebe Gottes und Seiner
Gerechtigkeit

Jeder von uns erntet das, was er gesät hat. Der Zusammenhang zwischen Gut und Böse im Bereich des Falls wird das Gesetz von Saat und Ernte, auch „Ursache und Wirkung" oder „Kausalgesetz" genannt. Aufgrund unseres Verstandes können wir also wägen: für oder gegen Gott.

Lieber Leser, wie würdest du reagieren, wenn dein Nachbar im Ausland eine strafbare Handlung begeht und er dich – der du zu Hause warst – dafür schuldig macht? Sicherlich würdest du sinngemäß sagen: Das ist <u>sein</u> Fall, <u>sein</u> Vergehen, also sind es <u>seine</u> Ursachen, für die <u>er</u> verantwortlich ist.

Viele Menschen wissen um das Gesetz von Ursache und Wirkung, von Saat und Ernte und akzeptieren es grundsätzlich. Betrifft es jedoch sie selbst, dann lehnen sie das Fallgesetz, das Kausalgesetz, ab. Warum? Letztlich, weil sie sich davor fürchten. Wer will schon daran denken, daß man einiges verursacht und infolgedessen entsprechende Wirkungen zu erwarten hat?

Eines ist gewiß: Keine Energie geht verloren. Die Inhalte unserer Gedanken, Worte und Handlungen sind Energie. „Drüben", als Seele, werden wir mit unserem eigenen Gericht konfrontiert sein, das das bewertet, was <u>hinter</u> unseren Gedanken, Worten und Handlungen stand, also deren Inhalte. Oder wir werden in einer anderen Einverleibung Gleiches oder Ähnliches wieder tun, um es eines Tages schließlich zu hinterfragen, uns mit der Kraft des Geistes darin selbst zu erkennen, das Üble abzulegen und nicht mehr zu tun.

Analysieren wir das Gesetz von Saat und Ernte, das Kausalgesetz, im Bewußtsein von Gerechtigkeit und Ordnung, so spüren wir, daß es der Ausdruck von Gottes Liebe ist. Denn keiner kann den anderen für etwas schuldig machen, das dieser nicht getan hat.

Das Gesetz von Saat und Ernte wird oftmals deshalb nicht ernst genommen, weil die Wirkung meistens nicht von heute auf morgen kommt. Von höherer Warte aus betrachtet, ist die Wirkung, die uns trifft, letzten Endes – gemäß der göttlichen Liebe, die auch die Gerechtigkeit umfaßt – der Ausgleich bezüglich unserer gesetzten Ursachen. Die Wirkung, der Ausgleich unserer Schuld, macht sich unter Umständen erst im Seelenreich oder in einer der nächsten Einverleibungen bemerkbar. Bis es jedoch so weit ist, spricht der Mahner in uns, unser Gewissen. Die Tagesenergie bringt uns so manchen Fingerzeig, so daß wir unseren Fehler, unsere Schwäche, unseren Charaktermangel zu erkennen und das drohende Ungemach, die Wirkung, rechtzeitig abzuwenden vermögen.

Wer erfaßt und in seinem Herzen als wahr erkennt, daß das Gesetz von Ursache und Wirkung der Gerechtigkeit und Gnade Gottes entspringt und daß es den Ausgleich schafft, der wird immer besser mit den Unbilden seines Schicksals umgehen können. Der Rat des ewigen Geistes „Nimm alles dankbar an" wird ihm dann Leitspruch sein, weil er auch für das Leid zu danken vermag. Das ist eine unschätzbare Hilfe, denn rechtes Danken macht frei; Danken festigt das Vertrauen in Gott, stärkt die Liebe zu Ihm und führt immer mehr in die Gottnähe. Das sicherste Indiz dafür sind die sich dann einstellende innere Freude, die Dankbarkeit, auch Zuversicht und vermehrte Tatkraft, eventuell auch Gesundheit, wenn es gut für unsere Seele ist.

Nehmen wir das Ungute, das uns widerfährt, an, so haben wir erkannt, daß wir es – in dieser Inkarnation oder in Vorinkarnationen – selbst verursacht, gleich verschuldet haben.

Von Herzen zu danken angesichts so mancher Situation, die wir als Unrecht empfinden, fällt auf dem Weg zu Gott keinem Menschen in den Schoß; er muß es üben. Es erfordert immer ein gewisses Maß an Selbstüberwindung, an geistiger Willensanstrengung. (Lieber Leser, würden wir ohne diese nicht doch immer wieder Gleiches mit Gleichem vergelten – zumindest in Gefühlen und Gedanken?)

Dann fällt es uns auch leichter, im negativen Vorkommnis, in unserem Leid, im Unguten also, das Gute, das Positive, zu sehen. Erfahren wir unsere Wirkung oder Wirkungen, so ist das eine Form der Abtragung. Diese ist immer leid- und schmerzvoll. Vermögen wir sie aber aufgrund der Kenntnis der geistigen Gesetzmäßigkeiten anzunehmen und zu danken, dann werden wir – auch wenn das Übel noch nicht gewichen ist – die Kraft erhalten, dieses zu ertragen und zu tragen, also durchzuhalten. Wir werden, statt in Selbstmitleid zu verfallen oder gar mit Vorwürfen und Schuldzuweisungen zu reagieren, mehr und mehr in das innere Stärkebewußtsein finden, das uns befähigt, immer öfter über den mißlichen Situationen zu stehen.

Wahrer Dank aus der Tiefe unseres Herzens ist eine Kraftquelle ohnegleichen. Sie führt uns in den Gleichmut, der besagt: In Dir, o Vater, o Christus, ist alles gut.

Werter Leser, noch einmal möchte ich auf Saat und Ernte zurückkommen, um es uns mit einer anderen Aussage näherzubringen: Die Saat ist die Schaffung des Menschen. Die Ernte entspricht der Saat – entweder gut oder ungut. Es ernten jene Men-

schen auf Erden bzw. ihre Seelen in den Reinigungsebenen, die an der Aussaat beteiligt waren.

Läuft die „Welt", das Menschenwerk,
ins Chaos?
Schaffe Ordnung in deinem Leben.
Lasse die Gottes- und Nächstenliebe walten

Alles, was sich in der Welt und in unserem engeren
Erfahrungsbereich abspielt, ist in Unordnung gera-
ten, weil die „Welt" Menschenwerk, also von Men-
schen aus egobezogenen Motivationen geschaffen ist.
Die Welt, das Menschenwerk, ist also die Saat der
Generationen von Menschen.

Gott stellte den Fallwesen die Erde als Wohnpla-
neten zur Verfügung, der in seiner Gestaltung die
Harmonie, die Ordnung und die Schönheit des reinen Seins, der ewigen Heimat, widerspiegelte. Die
Abläufe in der Natur waren ausgewogen, eingebettet
in den großen kosmischen Kreislauf. Doch der
Mensch hat es verstanden, die Ordnung auf der Erde
so weit zu untergraben, daß nun die Existenz des
Lebens auf unserem Planeten in Frage gestellt ist.
Denn immer wieder glauben die Menschen, sie
könnten die Welt verbessern und die Erde verändern.
Wer möchte schon an die Gesetzmäßigkeit von Saat
und Ernte denken? Aber irgendwann wird der

Mensch feststellen – spätestens dann, wenn nichts mehr geht –, daß jede eigenwillige Veränderung zum Chaos führt.

Doch: Jedem ist die Möglichkeit gegeben, zur Verbesserung in dieser Welt beizutragen. Dies kann nur geschehen, indem der einzelne sein Denken erneuert, das heißt, das Gegensätzliche, das zu nichts als Leid und Chaos führt, überdenkt und ablegt. Auf diese Weise leitet der Mensch sein Erdenleben wieder in den Strom der ewigen Ordnung zurück und folgt somit Jesus nach, der uns die Schritte dorthin in Seiner Bergpredigt aufgezeigt hat.

Wer den Weg der Bergpredigt geht, dessen Gedanken und Verhaltensweisen kommen allmählich in Ordnung. Das bewirkt, daß ein solcher Mensch auch um sich die Ordnung schafft, die das Reich Gottes widerspiegelt, das jeder in sich trägt.

Es geht nicht darum, zum anderen zu sagen: „Du mache Ordnung in deinem Alltag, damit die Zustände dieser Welt nicht zum Chaos eskalieren!" Jeder sollte sich selbst ansprechen, daß auch er ein Fackelträger der göttlichen Ordnung werden könnte, so daß die Welt durch ihn einen Lichtschimmer des Guten, des Göttlichen, empfängt.

Gott ist die Liebe. Die Welt kann nur von Menschen wieder in Ordnung gebracht werden, die bestrebt sind, die Gottes- und Nächstenliebe walten zu lassen.

Wiederholungen sind zum besseren Verständnis nötig, so gerade auch über unsere Gedanken.

Jeder Gedanke, den der Mensch denkt, ist Energie, die in ihn selber eingeht und ihn zeichnet. Unsere Eingaben sind dann die Gravur unserer Seele und unseres Körpers. Mancher Leser wird nun denken: „Wer ist kein Sünder? Wer sündigt nicht jeden Tag?" Denken wir über folgendes nach: Gott steht über der Sünde. Trotzdem liebt Er auch den größten Sünder – allerdings nicht dessen Sünde, sondern Er liebt Sein Kind, das in der Seele des Menschen eingekerkert ist. Es gibt keine Sünde, keine Schuld, die von Gott nicht verziehen wird, sofern der Mensch ernsthaft bereut und Gleiches und Ähnliches nicht mehr denkt und tut.

Keine Schuld ist größer und mächtiger
als die unerschöpfliche Liebe Gottes.
Lerne, dich den Tag über mit der
Liebe Gottes zu füllen!
Finde zum wahren ICH BIN in dir

Eine Sünde, die größer wäre als Gottes Liebe, gibt es nicht. Die Liebe Gottes ist unerschöpflich. Deshalb gibt es auch nirgendwo einen Ort, wo Seelen ewig schmachten, also keine ewige Verdammnis. Gäbe es einen Ort in der Unendlichkeit, wo Seelen

85

im Feuer ihrer Schuld ewig Qualen erleiden müssen, dann wäre die Sünde, gleich Schuld – einerlei, welchen Grades sie ist –, größer und mächtiger als die Liebe Gottes.

Wichtig ist für jeden gutwilligen Leser, folgendes zu beachten: Gott wird dem wahrhaft reuigen Menschen verzeihen. Die Schuld kann von diesem jedoch erst dann genommen werden, wenn ihm der Mensch oder die Seele verziehen hat, der oder die durch ihn leiden mußte. Bitten wir täglich um die Kraft, uns zu erkennen, und bitten wir täglich um die Kraft der Reue, dann haben wir Christus bewußt an unserer Seite.

Daher prüfe jeden Abend, wieviel von all dem, was dich tagsüber beschäftigt hat, dich Christus näherbrachte. Diese tägliche Prüfung hilft uns mit der Zeit, uns im Tagesgeschehen besser zu beobachten. Und wenn wir lernen, uns den Tag über mit der Liebe zu Gott zu füllen, dann wird unser Leben leichter und unser Herz freier, denn Gott liebt jeden von uns so innig und stark, wie wir es uns gar nicht denken können. Es steht geschrieben: *Ich sage euch: Ebenso wird auch im Himmel mehr Freude herrschen über einen einzigen Sünder, der umkehrt, als über neunundneunzig Gerechte, die es nicht nötig haben umzukehren.*

Die feinen Gefühle des Herzens lassen uns Menschen erahnen, daß in uns eine liebende und sorgende Kraft ist, die uns umfängt. Es ist die Liebe Gottes in uns Menschen. Solange jedoch unser Herz an Menschen und Sachwerten hängt, klagt es. Falsches Denken heißt, sein Lebensglück verfälschen.

Unser Jammern und Klagen zeigt uns: Das innere Herz, der Pulsschlag unserer Seele, will frei werden. Es möchte im Herzschlag der Liebe Gottes für den Nächsten schlagen. Es möchte eins werden mit dem ewigen Geist. Erst wenn jeder Schlag des Herzens in der Gottes- und Nächstenliebe schlägt, fühlen wir uns wahrhaft geeint mit dem Unendlichen.

Hat der Mensch gelernt, Gottes Liebe in allen und in allem zu bejahen und die Werke der Gottes- und Nächstenliebe zu tun, dann erst beginnt er, in rechter Weise zu lieben. Haben wir diesen Lernschritt getan, dann wird uns bewußt, daß sich Gott in uns und durch alles und durch alle offenbart, denn Gottes Liebe ist das allgegenwärtige Wort der Liebe. Wer Schritt für Schritt den Willen Gottes annimmt und auch im Alltag umsetzt, der wird Tag für Tag tiefere Erkenntnisse erlangen und erfahren, daß das Reich Gottes in ihm ist. Dann wird der Mensch im Kleinsten das Große fühlen und im Geringsten das Höchste, in der Unendlichkeit den Unendlichen. Das ist der Weg der Wahrheit, das Gesetz der Liebe.

Sobald der Mensch die unmittelbare Kommunikation zu Gott in sich erlangt hat, legt er ohne Trauer sein Ego ab, weil er zum Größten, zum wahren ICH BIN, in sich gefunden hat. Er ist angekommen.

Leben
in der Einheit

Werde ruhig, gewinne die Stille.
Eine Hilfe, um Gott zu begegnen:
Nimm die Impulse des Inneren Lebens wahr,
die dir aus dem Bild der Natur zuströmen

Die Wahrheit hilft uns Tag und Nacht, die Schritte in das Leben zu tun, das die Liebe und die Wahrheit ist. Jeder, der zur ewigen Wahrheit finden möchte, die Gott ist, die ihn erfüllt und weise macht, muß zuerst den Berg seiner Allzumenschlichkeit mit Gottes Hilfe alleine bezwingen. Die Hilfe kommt von keinem Menschen, einzig von Gott. Auch in Dogmen und Glaubenssätzen suchen wir sie vergeblich. Gott, den der Mensch finden möchte, ist in jedem von uns, weil jeder Mensch Gottes Tempel ist.

Fragen wir also nicht, wann Gott zu uns kommt! Besser ist zu fragen: Wie finde ich zu Gott?

Erstens sollte uns bewußt werden: Gott, die unendliche Liebe, ist in uns. Zweitens: Gott ist die Stille.

Sobald wir gelernt haben, unsere Tage durch Besonnenheit und bewußte Bewältigung unserer täglichen Arbeit zu meistern, werden wir ruhiger. Bevor wir eine Situation oder Schwierigkeit angehen, sollten wir erst das Ganze überdenken. Haben wir eine konkrete Antwort oder Lösung für das, was wir zu bewältigen haben, gefunden, dann sollten wir zur Tat

schreiten und das, was uns beschäftigt hat, nicht bis
morgen oder übermorgen liegenlassen. Jetzt und
heute ist der Tag, an dem uns der Schlüssel zur Antwort und Lösung gegeben wurde. Deshalb sollten wir
es auch heute auf den Weg bringen und ordnen.

Eine universale Gesetzmäßigkeit, die auf Energie
beruht, besagt: Wer immer wieder an Gleiches und
Ähnliches denkt, anstatt es in Ordnung zu bringen,
geht mit seinem Bewußtsein in die Person oder in
die Situation oder in das Problem des anderen ein,
an den oder an das er denkt, und assimiliert diese,
d.h. er nimmt sie in sich auf. Machen wir uns also
bewußt: Wohin wir lange Zeit denken, das nimmt
uns gefangen, in das sind wir eingeschlossen, das
macht uns unruhig und hektisch. Mit der Zeit geht
darüber unsere Selbständigkeit und unsere Freiheit
verloren; wir werden zu Abhängigen. Das ist eine
Ursache von vielen. Die Wirkung ist der Verlust unserer Seelen- und Körperenergie.

Machen wir uns noch einmal bewußt: Wir gewinnen Ruhe, indem wir unsere Gedanken kontrollieren, wohin sie ziehen. Haben wir uns hinterfragt,
haben wir Antwort und Lösung auf die Frage „Warum denke ich das?" gefunden, dann sollten wir das,
was ansteht, so bald als möglich bereinigen. Morgen
oder gar übermorgen kommt anderes auf uns zu, was
uns wieder andere Aufgaben bringt. Ist heute der

Tag der Erkenntnis, so sollten wir heute das angehen,
was schon als Antwort und Lösung vor uns liegt.
Dadurch gewinnen wir mehr Ruhe und Souveränität.

Ruhig zu werden heißt, die Stille zu gewinnen.
Aus der Ruhe strömt die Stille, um das zu schauen,
zu erhorchen und zu ergründen, was heute zu bewältigen ist. Ist uns daran gelegen, allmählich die Stille
zu erlangen, kann uns auch am Abend eine Medita-
tion hilfreich sein, ebenfalls die Selbstbetrachtung
und das tiefe Gebet, das wir dann im Alltag erfüllen.

Eine große Hilfe, um in Kürze in die innere Stille
zu finden, ist folgende Betrachtung:

Unsere Welt besteht aus Schlaglichtern. Auf diese
Flüchtigkeit, auf diese Lichtpegel, haben wir unsere
Augen eingestimmt. Unsere Ohren nehmen den
Lärm auf, der uns umgibt; sie füllen sich mit diesem
Gemisch lautstarker, disharmonischer Geräusche.
Dadurch ist der Mensch ein Hektiker geworden, statt
Mystiker zu sein, der zu schauen und zu horchen ge-
lernt hat, der auch die Augen schließt, um Gott, die
Stille, in sich wahrzunehmen.

Begegne Gott, der ewigen Stille, im ersten Lernschritt. Mache deinen Spaziergang zu einem bewuß-
ten Gang, z.B. in die Natur. Halte inne, und laß deine
Augen über Felder, Wiesen und durch Wälder strei-
fen. Wisse: Überall begegnet dir Gott.

Vor allem eile nicht durch den Wald oder den Feldweg entlang, durch den Park oder den Garten. Gehe gemächlich, ja geruhsam, mit offenem Herzen. Begleitet dich ein Mitmensch, so wäre ratsam, wichtige Dinge vorher zu besprechen, denn vieles Reden führt nach außen und überlagert die Sinneseindrücke.

Laß die Umgebung auf dich wirken; sei offen für die Impulse aus dem Reich der Natur, die dein Herz, dein Inneres, berühren möchten. Eine aufrechte, ungezwungene Körperhaltung trägt dazu bei, daß deine Gedanken Abstand nehmen; sie schweigen. Atme ruhig und tief. Erwarte nichts, wolle nichts. Alles ist gut, wie es ist.

Diese innere Haltung trägt zum Stillsein bei, das dich aufnahmefähig und durchlässig macht für das, was auf dich zukommen und in dich hineinstrahlen oder -leuchten möchte. Laß es geschehen. In allem berührt dich die große Liebe des ewigen Schöpfergottes – das Sein.

Sei also still. Möchte dein Auge auf einem Baum, Strauch, einer Blume, einem Stein oder auf einem Tier verweilen, gleichsam ausruhen, so laß es geschehen. Denke nicht über das, was du wahrnimmst, nach. Greife also mit deinem Wollen und Wünschen nicht ein. Halte inne, und laß es geschehen. Es ist möglich, daß das, worauf dein Auge ruht, eine Botschaft für dich hat. Die Botschaft perlt dann in dir empor, wenn du nichts erwartest und das, was du siehst, nicht mit deinen Gedanken zerpflückst. Auch eine schlichte Wolke am Firmament kann für dich eine Botschaft tragen.

Eine äußere, gleich materiell gebundene Betrachtungsweise wäre es, wenn wir an das Bild der Naturform deutend herangingen, mit unseren menschlichen Vorstellungen, die wir in die Lebensform hineininterpretieren, also hineinprojizieren. Dies könnte geschehen, indem wir in der Maserung eines Holzes z.B. die Gesichtszüge eines Wichtels oder Gnoms zu entdecken suchten, in der grazilen Gestaltung einer Blüte den anmutigen Körper einer Elfe zu sehen glaubten und ähnliches mehr. Wir sollten vielmehr offen dafür sein, daß das Wesen des Baumes, das „Herz" der Blume, das ihr innewohnende Leben, sich uns mitteilen kann.

Im Baum, in der Blume, im Gras, im Kornfeld, im Vogel, im Kätzchen ist das Leben. Leben ist nun mal lebendig. Leben ist Bewußtsein. Es kommuniziert; es sendet und empfängt. Was? Bewußtseinsinhalte, feine Kräfte, Empfindungsströme, die wir Impulse nennen können. So können wir mit unserem still werdenden Bewußtsein, mit unserem Inneren, die Impulse des Lebens aufnehmen, gleich wahrnehmen. Dann „spricht" das Leben im Baum, das Leben in der Blüte, im Gras, im Kornfeld, im Erdreich, im Vogel, im Kätzchen, im Stern am Firmament zu uns – und letztlich ist es der Geist des Lebens, Gott. Lassen wir den ewigen Geist im Baum, in der Blume zu uns sprechen!

Die beste Voraussetzung dafür, daß wir die Impulse aus dem Reich der Natur zu empfangen vermögen, ist, daß unsere lauten Gedanken schweigen und auch unsere Sinne still sind. Still werden kann man üben. Still sein läßt sich lernen.

Wisse: Unser ganzes Erdenleben ist eine Schule, um zu lernen. Ein Sprichwort heißt: Wer rastet, der rostet. Wer nicht aufhört, zu lernen, um zu verstehen, um tiefer zu blicken, also zu schauen, der bleibt geistig wach und rege.

Das Bild, das unser Auge gleichsam gefangenhält, beginnt sich weiter auszubauen. Zum Beispiel wird ein Baum, der unser Auge festhält, zum Bild in uns, das sich mehr und mehr aufbaut. Es sind gleichsam Signale aus diesem Bild, die uns z.B. auf des Baumes Wurzeln aufmerksam machen: Diese sind tief in das Erdreich eingesenkt, um von der Erde die Nährstoffe aufzunehmen, die der Baum benötigt, um seine Krone werden und wachsen zu lassen, um die Früchte, für die er schon im Herbst des vorigen Jahres Blütenknospen angesetzt hat, zur Reife zu bringen.

Bleibe ruhig und in dich gekehrt, und stelle dir selbst die Frage: Wer hat den Baum so konstruiert,

95

daß unter der Rinde der Lebenssaft in die Krone fließt, zu jedem Blatt und zu jeder Frucht?

Frage dich weiter: Wer wiegt im Frühling sanft die mit Blättern noch spärlich versehene Krone, so daß der Lebenssaft des Baumes die obersten, noch sehr kleinen Blätter und die noch kaum zu sehenden Ansätze von Blüten, von Früchten erreicht? Ist es das laue Frühlingslüftchen, das den Baum umschmeichelt, ihn einhüllt und mithilft, daß der Lebenssaft in die obersten Zweige und Zweiglein, in Blätter, in Blüten und in die werdenden Früchte strömt? Wer schuf dieses wunderbare Zusammenwirken?

Während du darüber nachdenkst, behalte das Bild in dir. Hat es sich in dir aufgebaut, dann bleibt es auch in deinem Bewußtsein. Nun laß deine Augen weiterziehen.

Fällt dein Auge auf eine Blume, auf einen Strauch oder einen Stein, laß dein Auge darauf ruhen. Denke nicht darüber nach. Wenn du es mit deinen Gedanken nicht zerpflückst, dann baut sich das Bild wie von selbst auf.

Fällt dein Blick auf einen Strauch, dann nimmst du z.B. ganz unvermittelt die großen und kleinen Blätter wahr. Du bemerkst, daß jedes Blatt eine andere Form hat. Weiteres baut sich im Bild auf, z.B. der Wind, der die Blätter bewegt, wodurch sich ein wunderbares Lichtspiel ergibt. Das Bild, der Strauch, vermittelt dir Leben und Leichtigkeit. Behalte dieses Bild in dir.

Mache dir bewußt: Wohin auch dein Auge fällt, jedes Bild ist einmalig. Zum Beispiel schaut dich eine Blume tief und eindringlich an. Sie signalisiert dir ihre Einmaligkeit und ihren besonderen Liebreiz. Laß in dich das Bild einströmen, nimm still die Details wahr, die Farben, die Formen und die überirdischen Zeichnungen der Blüten. Laß die Bewegung des Windes, der die Blätter, Blumen, Sträucher und des Baumes Krone zart umschmeichelt, in dich eingehen; nimm sie an, nimm sie auf.

Wird dein Auge von einem Stein angezogen, dann laß es geschehen, daß dein Auge länger darauf zu ruhen vermag. Ist es dir möglich, ihn zu berühren oder gar in die Hand zu nehmen, dann tue dies, und nimm seine feinen Signale wahr, die dir gelten. Auch er hat eine Botschaft für dich. Nimm das gesamte Bild und den Eindruck in dir auf. Behalte das Bild in dir.

Bleibt dein Blick auf einem Tier haften, dann richte dein Augenmerk so lange auf das Wesen, wie dieses zu sehen ist. Nimm seine wunderbare Zeichnung wahr, die Farbnuancen, die sein Fell- oder Federkleid durchziehen. Und so die Sonne die feine Zeichnung des Kleides anstrahlt und das Farbenspiel aufleuchten läßt, erkennst du die Farbenpracht und entdeckst, daß die Grundfarbe des Kleides viele weitere Farbnuancen trägt.

Gerade in der Natur erlebst du ein unvorstellbares Farbenspiel, insbesondere dann, wenn die Sonne die Lebensformen anstrahlt und der Wind sie sanft bewegt. Nimm die Bilder, die deine Augen festhalten wollen, auf. Laß sie in dich, in dein Bewußtsein, einströmen, dann werden sie in einer ruhigen Stunde in dir nachschwingen. Auch der Sonnenaufgang und der Sonnenuntergang haben jeden Tag ein anderes, wunderbares Farbenspiel. Nimm das bewußt wahr. Jede Farbe beinhaltet einen Aspekt Gottes. Schau, und mache dir bewußt, daß sich am Abend nur der Erdteil allmählich von der Sonne abwendet, die Sonne jedoch weiter strahlt. Nimm auch dieses Bild bewußt in dir auf, und laß es zu, daß sich die vielen Details in dir aufbauen.

In einer ruhigen Stunde – besonders geeignet ist die Abenddämmerung – ziehe dich für kurze Zeit zurück, um ein Bild nach dem anderen aus dem Schatzkästchen deines Inneren auferstehen zu lassen. Dabei schließe die Augen wie der Mystiker und schaue die Details an, die du beim Spaziergang wahrgenommen hast. Du wirst sehr bald spüren, daß deine unnützen und drängenden Gedanken an Bedeutung verlieren und du in eine Welt eintauchst, die deinem bisher flüchtigen Sehen verborgen blieb.

Gerade in der Abendstimmung, wenn die Atmosphäre ruhiger wird, kommt auch das Gemüt des Menschen mehr zur Ruhe, um die Bilder herbeizuholen. Das ist eine energetische Bildbetrachtung, wodurch du lernst, allmählich ruhiger zu werden und dein Auge zu schulen, so daß du zu schauen lernst. Übung macht den Meister. Mit der Zeit wirst du dich freier und frischer fühlen, weil sich deine Nerven entspannen. Du bist ruhiger und souveräner geworden.

Ähnlich, wie du dein Sehorgan schulst, kannst du alle weiteren Sinne kontrollieren und verfeinern. Auch deine Arbeit wird dir nach und nach leichter von der Hand gehen, weil du sie konzentriert und mit der Kraft deiner geschulten und wahrnehmungsfähigen Sinne ausführst.

Gott, die Kraft des Inneren,
ist in allem die Antwort und Lösung.
Beachte die Goldene Lebensregel!
Entwickle rechtes Schauen, Hören,
Lesen und Arbeiten

So mancher ist der Meinung, seine Arbeit sei für ihn nur Mittel zum Zweck, um den Unterhalt für sich und seine Familie zu verdienen. So zu denken, wäre Fatalismus. Solche Gedanken tragen nicht dazu bei, die Kraft aus dem Inneren zu empfangen, um ruhig und besonnen die Arbeit zu verrichten und den Tag zu meistern. Statt dessen könnten wir die vielen Möglichkeiten wahrnehmen, im Bereich unserer Tätigkeit zu hören, zu schauen und an inneren Erkenntnissen reicher zu werden.

In dieser Welt ist nichts ohne Grund. Alles hat einen Sinn, und alles will uns etwas sagen. Fragen wir uns, warum wir gerade an diesem Platz, an diesem Ort diese Arbeit zu verrichten haben. Es ist möglich, daß wir durch diese Tätigkeit, gerade an diesem Platz, an diesem Ort etwas zu lernen haben. Eine weitere Möglichkeit könnte sein, daß wir die in uns noch schlummernden Talente wecken sollen. Entspricht unsere Arbeit, gleich Tätigkeit, den Gesetzmäßigkeiten der Gebote Gottes und der Lehren des Jesus, des Christus, dann tun wir, was Gott will.

Gott ist immer gegenwärtige Hilfe. In jedem Werkstück oder Schriftstück bietet sich Gott an, uns zu helfen. Es gibt nichts, in dem nicht die All-Existenz, die All-Kraft, Gott, wäre. Der Geist unseres ewigen Vaters, Gott, ist immer gebende und dienende Liebe. Geschulte, auf die All-Energie ausgerichtete Sinne in Gott ruhender Menschen lesen aus jedem Brief, aus jedem Schriftstück die Antwort heraus, weil in allem, was auf uns zukommt, Antwort und Lösung enthalten sind.

100

In jedem Gespräch, das wir zu führen haben, ist die All-Energie, Gott, die uns beisteht, eine verbindende Antwort zu geben, die Seinem Gesetz der Liebe entspricht. Die Goldene Lebensregel sind, wie bereits erwähnt, die Gebote Gottes und die Lehren des Jesus, des Christus. Ihre zentrale Botschaft, eine der ganz wesentlichen Aussagen lautet: *Was du willst, daß dir andere tun, das tue du ihnen zuerst.* Diese Lebensregel kann in unserem Denken, Reden und Arbeiten angewendet werden. Geht es um Gespräche oder um die Beantwortung von Briefen, könnte es wie folgt heißen: *Was du nicht willst, daß man dir sagt oder schreibt, das sage oder schreibe auch nicht dem anderen.* Es kommt also darauf an, <u>wie</u> man es dem Mitmenschen nahebringt. Auch die Betätigung des Computers will uns etwas sagen. Was klicken wir an? Die Goldene Lebensregel lehrt uns, ohne Vorbehalte zu lesen und zu reden, nach dem Maßstab: Wie will ich es, daß man mir tue!

In allen Situationen unseres Erdenseins ist die Hilfe gegenwärtig. Erst wenn wir gelernt haben, unsere Gesinnung zu ergründen und uns zu korrigieren, bevor wir sprechen oder handeln, werden wir uns auch kennenlernen; dann wissen wir, wer wir wahrhaft sind, was uns, den Menschen, noch prägt.

Wer in jeder Situation die Goldene Lebensregel anwendet, erzieht sich selbst zu Gewissenhaftigkeit, zu Sorgfalt und zu Pflichtbewußtsein. Wir Menschen sollen uns wieder zur Sohn- und Tochterschaft in Gott entwickeln, indem wir lernen, unser Denken, Reden und unsere Verhaltensweisen zu hinterfragen: ob das, was wir denken, reden und tun, den Gesetzmäßigkeiten des Lebens entspricht, ob es also für das Leben, das in uns pulsiert, eine Bereicherung ist, oder ob wir damit einen falschen Weg eingeschlagen haben, der schlußendlich zu Diebstahl, Korruption, Haß und bis hin zum Mord führen kann.

Tue Gutes, und rede nicht darüber. Sei gut in deinen Gedanken, ehrlich, aufrichtig und hilfsbereit.

Wir sind also auf der Erde, um uns mit der Hilfe der Gebote Gottes und der Lehren des Jesus, des Christus, wieder Gott, unserem ewigen Vater, zuzuwenden, um das Innere Leben zu erschließen und zum wahren Leben zu finden.

Der Weg zum Leben beginnt damit, unsere Gedanken, Worte und Taten zu hinterfragen, ob diese der All-Ordnung entsprechen. Das Lernprogramm, aus dem ich hier einiges darlege, ist ein Schulungszyklus mit dem Ziel, rechtes Schauen, Hören, Lesen und Arbeiten zu entwickeln. Jeder Augenblick, der unser Gemüt, unsere Nerven anregt, will uns etwas lehren.

*Empfange aus den Lebensformen und Kräften
der Unendlichkeit des Unendlichen Botschaft,
Seine Weisungen.
Gewinne die Gewißheit und das Vertrauen,
daß Gott in dir gegenwärtig ist*

In die Gottes- und Nächstenliebe sind nicht nur
wir Menschen eingebettet, sondern auch die Natur-
reiche wie Mineralien, Pflanzen und Tiere. Der Planet
Erde und alles, was wir im Kosmos sehen und nicht
sehen, alle Sonnen und Planeten, sind Gottes Schöp-
fungswerk. Aus allen Lebensformen und Kräften der
Unendlichkeit empfangen wir Menschen Gottes
Botschaft, Gottes Stimme, Gottes Weisungen.

Was wir unter Umständen an Bewußtseinsinhal-
ten aus dem Strom des Lebens – z.B. beim Betrachten
einer Pflanze – in unserem Inneren wahrnehmen,
ist jeden Tag unterschiedlich; auch können zwei
Menschen angesichts derselben Landschaft inhalt-
lich völlig verschiedene Impulse empfangen. Der
Strom des Seins, der das Leben ist, spricht jeden
Menschen individuell an, ganz entsprechend seiner
Bewußtseinslage.

Es verhält sich wie mit dem Erdreich, das den
mannigfaltigen Pflanzen jeweils das zuteil werden
läßt, was die einzelne Naturform gerade braucht.
Alle Blumen, Bäume und Sträucher wurzeln und
wachsen im gleichen Boden der Mutter Erde, und

doch empfängt jede Lebensform von ihr andere Kräfte und Säfte, nämlich das, was sie derzeit benötigt, um zu wachsen und zu reifen.

Auch unser ewiges Wesen, das in uns wurzelt, ist allen Wesen gleich. Wir alle sind im göttlichen Urgrund ewig zu Hause. Vom Urgrund allen Seins empfängt jedes Wesen die Kraft, das Leben. An jedem von uns selbst liegt es, wieviel Kraft wir aus der Urkraft schöpfen. Für jeden Menschen ist jedoch alles vorhanden.

Wahre Liebe ist die Urkraft, die alle und alles eint. Wahre Liebe ist also eine Himmelsmacht. Ich wiederhole: Sie ist in jedem Menschen, in jeder Kreatur, in den Elementen und in allem, was wir sehen und was wir nicht schauen. Denke darüber nach: Die Liebe Gottes in dir ist größer, als du zu denken, gleich zu erfassen, vermagst.

Wer sich in seinem Erdenleben mit der Goldenen Lebensregel vertraut macht, der gewinnt immer tiefere Einblicke in das, was ihm der Tag bringt. Er erlangt Geradlinigkeit in seinem Verhalten, lernt hinzuschauen und zuzuhören. Er lernt, im Sinne der Gottes- und Nächstenliebe Anteilnahme, Mitfühlen und Mittragen und findet so zur geistigen Verantwortung. Daraus entwickelt sich eine feine Charakterbildung, wodurch der Mensch immer mehr Weisheit erlangt und das Verstehen, was All-Einheit bedeutet und was Gottes Wille ist.

Lerne zu schauen, dann findest du zu dir und zu deinem Nächsten. Lerne, in dich hineinzuhorchen, dann lernst du auch hinzuhören. Lerne, alle Dinge zu durchschauen, dann wirst du deinen Alltag meistern. Lerne, aus Schmerz und Leid die Botschaft zu erhorchen; sie ist immer wegweisend zu einem höheren und besseren Leben.

Deshalb heißt rechtes Schauen hindurchzuschauen durch die Dinge, die der Alltag bringt. Auch das eigene Leid und den eigenen Schmerz zu durchschauen und ebenfalls das Leid und den Schmerz des Nächsten, ebenso den der Tiere, ist das Merkmal eines freien, aufgeschlossenen, friedvollen, feinen Charakters.

Das Hindurchschauen ist das Schauen mit dem Seelenherzen, das auch den Haß und die Feindseligkeit in dieser Welt durchschaut. Beim Hinterschauen, gleich Durchschauen, nehmen wir zuerst das ganze Bild wahr. Wir nehmen es in uns auf. Entweder schauen wir, wie gesagt, in wenigen Augenblicken aus dem ganzen Bild, das wir aufgenommen haben, einige Details, die uns ansprechen, die uns etwas zu sagen haben, oder wir lassen das von uns aufgenommene Bild in der Abenddämmerung – dann, wenn sich der Tag neigt und wir zur Ruhe gekommen sind – als ganzes Bild noch einmal auferstehen, um darin Aspekte wahrzunehmen, die für uns von Bedeutung sind. Diese Wahrnehmung von Details ist ein innerer Vorgang; wie wir dazu stehen, welche Gedanken wir haben, ist ausschlaggebend für die Hilfe, die von Gott kommt.

Das Gleiche gilt für das Hinhorchen, das Zuhören das Hineinhören in das Gespräch, das wir führen, oder in die Situation, die der Tag bringt, oder in das Problem, das vor uns liegt, aber auch in den Arbeitsvorgang, den wir zu bewältigen haben. Wer in allem, was er denkt und tut, auch im Schauen und Hören, die Goldene Lebensregel nicht außer acht läßt, der erfährt mit der Zeit innere Wärme, Gewißheit und Vertrauen, daß Gott immer für ihn und mit ihm ist. Denn Gottes Hilfe bleibt nicht aus. Aus dieser fühlbaren Gottesnähe entwickelt sich die Gottes- und Nächstenliebe und ein immer feineres Gespür, daß Gott im Innersten der Seele und auch im Menschen gegenwärtig ist.

*Das auf die Materie eingeengte
menschliche Bewußtsein nimmt nicht
die eigentliche Realität, das Leben, wahr.
Begreife und erfahre Gott als Licht
und Kraft in allem*

Wenn man von Gott spricht, kommt oftmals der Einwand, „Wo ist Gott? Hält Er Sich bedeckt? Warum verbirgt Er Sich?", oder man zweifelt Seine Existenz an. Weil Gott allgegenwärtig ist, ist Gott auch „sichtbar", gleich erfahrbar. Gott ist für uns Menschen nur so lange unsichtbar, wie wir uns vom Licht und dem Leben, das Gott ist, abwenden.

Wenn wir auf der Seite der Zweifel und Gleichgültigkeit unser Dasein fristen, dann stehen wir in unserem eigenen Schatten und nehmen die feine Einstrahlung des Lichts, den Lichteinfall in unserem Schattengemäuer, in unserem Schattendasein, nicht wahr; dann bleibt Gott für uns unsichtbar und ein Geheimnis. Wir Menschen haben uns von Gott ein Bild gemacht, das so mancher vom Kirchengott ableitet. Es steht aber geschrieben: *Du sollst dir kein Gottesbild machen und keine Darstellung von irgend etwas am Himmel droben ...*

Üben wir uns ein, Gott als Licht und Kraft in allem zu begreifen und zu erfahren, so kann uns das für den Reichtum Inneren Lebens öffnen. Dann sind wir Beschenkte, wo wir gehen und stehen.

Gott ist das Leben, das in kein Bild gestellt werden kann. Wer sich vom Gott der Liebe und All-Energie – denn Gott, die Lebenskraft, ist die All-Energie – abwendet, hat seine Blicke nur auf die Schatten gerichtet, die er letzten Endes selbst geschaffen hat durch sein Denken, Sprechen und Tun.

Viele Menschen sprechen von der Natur, haben aber über sie den Schatten ihres intellektuellen Denkens gelegt, letztlich des Denkens in materialistischen Kategorien, die den ewigen Geist nicht zu erfassen vermögen, wie z.B.: „Was wir sehen, ist ein chemischer Vorgang, etwas, das in Zyklen kommt und wieder verschwindet." Auch den Menschen und die Tierwelt reiht der Zweifler in das Prinzip des Zufalls und der Auflösung aller Formen ein. Doch solche Akrobatik des Denkens führt irgendwann in eine Sackgasse, die Verzweiflung heißt.

Viele verlieren auch deshalb den Glauben an Gott, weil sie Gott und Kirche gleichsetzen. Fehlt dem Menschen die Basis des Glaubens an Gottes Existenz und somit auch das Vertrauen, wird er mit der Zeit haltlos. Viele Menschen, die ins Bodenlose fallen, kennen in ihrem Denken und Handeln kaum mehr die natürliche Hemmschwelle. So mancher wird zum Außenseiter und scheut vor unlauteren Handlungen nicht zurück.

Durch geistiges Lernen und Üben kann jeder mit der Zeit die Erfahrung machen, daß Gott, die All-

Kraft und somit das allgegenwärtige Leben, sichtbar und erfahrbar ist.

Alles, was wir schauen und was wir nicht sehen, ist Energie. Keine Energie geht verloren. Jeder Mensch ist ein Energievolumen, jedes Tier ist Energie. Die ganze Natur bis hin zum unscheinbaren Blümchen ist Energie. Jedes Mineral ist Energie, es beinhaltet Gottes Leben. Leben ist Energie.

Wir Menschen atmen, weil die Trägersubstanz des Atems das Leben ist, wiederum Gott. Wir müssen lernen, daß in der Verdichtung, in der Materie, Gott ist, also in der Natur, in den Tieren, in den Menschen. Allerdings ist Gott nicht das, was der Mensch an Gegensätzlichem tut.

Viele Menschen suchen nach der Wahrheit. Sie glauben, diese auf der Erde in dieser Welt zu finden. Doch was heute als Wahrheit angepriesen wird, erweist sich eventuell morgen schon als Täuschung.

Es gibt nur eine Liebe und nur eine Wahrheit – sie ist Gott, das ewige Licht.

Das Verständigungsmittel der Menschen, ihre Sprache, besteht aus Begriffen, die sich im Oberbewußtsein als Bild aufbauen. Die gesamte Bilderwelt des einzelnen nennt man den Bewußtseinsstand des Menschen. Dementsprechend denkt, spricht und handelt er.

Zum bildhaften Denken ein Beispiel: Wir verwenden Begriffe wie „jenseits oder diesseits des Flusses".

Im Bild sehen wir sowohl das eine als auch das andere Ufer; dazwischen fließt das Wasser. Das können wir verstehen, weil wir es sehen können, und sei es nur in dem Bild, das wir uns gemacht haben.

Das Diesseits – die Gegebenheiten auf dieser Erde, das Dasein der Menschen – können wir also mehr oder weniger begreifen, das Jenseits hingegen – die Seelenreiche, die feinerstofflichen Welten mit ihren Bewohnern, den Seelen – ist für uns metaphysisch und daher unwirklich, und doch ist das Diesseits vom Jenseits nur durch einen Schleier getrennt. Es ist ein Bewußtseinsschleier. Das auf die Wahrnehmung der Materie eingeengte Bewußtsein erfaßt nur das Grobstoffliche, das stark Verdichtete, und das ist nun mal nicht die eigentliche Realität, das Leben.

Erst wenn wir lernen, alles, was wir sehen und hören und das uns bewegt, zu hinterfragen, und das, was nicht der Goldenen Lebensregel entspricht, zu bereinigen und nicht mehr zu tun, erweitert sich unser geistiger Bewußtseinshorizont, und wir finden zur Wahrheit, die frei macht.

Nehmen wir unser Erdenleben bewußt und konsequent in die Hand und orientieren uns, gerade im Alltag – dann, wenn ein Problem dem anderen und eine ungute Situation der anderen die Hand reicht –, weiterhin an der Goldenen Lebensregel, werden wir mit der Zeit den Schleier durchdringen und so der Wahrheit näherkommen. Dem Wahrheitstreuen

110

wird es dann auch gelingen, gemäß der Goldenen Lebensregel zu denken, zu sprechen und zu wirken. Wer sich Schritt für Schritt diesem Wahrheitsbewußtsein nähert, wird erkennen, wie klein und nichtig das aufgeblasene menschliche Ich, das Ego, ist.

Die Sprachlosigkeit des Menschen – das Nichtverstehen des Nächsten

Wer die Ruhe nicht aufsucht, um stiller zu werden, um gemäß der Wahrheit zu leben, der geht in der heutigen lärmenden und tosenden Welt unter, denn in der heutigen Zeit werden die Worte zum Lärm, zum Getöse der Selbstbeweihräucherung. Der Lärm der Worte tönt durch Radio, Fernsehen und äußert sich des weiteren in den disharmonischen Lauten, in dem schrillen oder lauthals gebrüllten Geschrei, das man heutzutage als „Gesang" bezeichnet, und weiteres mehr.

Dieser fortwährende Lärmpegel ist ein Grund für die „Sprachlosigkeit" dieser Welt. Keiner hat dem anderen mehr etwas zu sagen. Man redet und redet und weiß meist selbst nicht, was man damit sagen will. Es ist, als wäre eine Wand zwischen Sehen, Hören, Reden einerseits und Verstehen andererseits. Man sieht, hört und redet – und weiß zuletzt doch nicht, was man gesehen oder gehört hat, oder gar, was der andere hat sagen wollen. Das bedeutet, daß man den Nächsten kaum mehr wahrnimmt und folglich sowohl an ihm als auch an Dingen und Situationen vorbeilebt. Man lebt nicht den Augenblick und erlebt daher auch nicht das Gesehene und Gehörte.

Die meisten Menschen sind „selbstgläubig"; sie glauben einzig an ihre eigenen Vorstellungen, die für sie das A und O, die Inhalte ihres Daseins, sind. Kaum einer aber kennt sich selbst. Vielfach gilt: Man kennt seine Gefühle und Gedanken nicht, nicht seine Beweggründe und Motivationen; man hat keine klaren Wertmaßstäbe und keine ethischen Grundsätze; man hat kein Ziel und läßt sich daher von einem Augenblick zum anderen treiben, von einer Situation in die nächste. Ja, viele haben nicht einmal eigene Ansichten, einen eigenen Standpunkt, der auf eigenen Erkenntnissen gründet; man ist wie ein Fähnchen, das hin und her schwenkt und flattert, je nachdem, von wo und in welche Richtung gerade der Wind weht. So wurde die Unwahrheit der Stil dieser Zeit, das persönliche Gedankengebläse, das seine eigene spezifische Note hat und für den „Bläser" von Bedeutung ist. Was der andere denkt und sagt, ist sekundär und nicht von Belang; primär ist für jeden er selbst.

112

Wer sich selbst nicht in Frage stellt und sein Gewissen mit der Keule „Ich bin mir selbst der Nächste;
im Zweifelsfall alles nur für mich!" abtötet, wird mit
der Zeit zum Zyniker, Ignoranten und Grobian, der
auch die Informationen seines Tages zertritt, die ihm
Hinweise zur Selbsterkenntnis geben und somit die
Schritte zur Freiheit, in ein höheres Leben, aufzeigen
möchten. Er zertritt auch das zarte „Pflänzchen" ,
das den Weg seines Alltags säumt, um ihm die Weisheit nahezubringen, die in jedem Tagesereignis liegt.

Leider sind viele Kirchenchristen an den reli-
giösen Traditionsrhythmus gebunden. Die Bedeutung
der Worte Jesu und der Worte anderer biblischer
Menschen hat der Kirchenchrist den Theologen
überlassen, die sich gar nicht die Mühe machen, der
Wahrheit näherzukommen. Sie wissen, daß ihre
Gläubigen mit einer Predigt zufrieden sind, die aus
jahrhundertelang gleichlautenden Floskeln, Gemein-
plätzen, Verklausulierungen und – oft wenig ver-
ständlichen oder sinnleeren – Formeln besteht.
Durch den jahrhundertelangen Rhythmus der Tradi-
tionen – was besagt: immer wieder das Gleiche – ist
der Kirchenchrist hinsichtlich seines Glaubens träge
geworden. Er hat nicht gelernt, abzuwägen, was gut
und was böse ist. Er hat nicht gelernt, daß alles, was
ihn bewegt, eine Botschaft enthält, die in seinem
Herzen nachschwingen möchte. Er hat nicht gelernt,

113

daß es erstrebenswert ist, sich selbst als ein Wesen in Gott zu finden.

Gerade der Katholik müßte um die Botschaft des Herzens wissen, denn Maria, die er als die Mutter Gottes anbetet, lehrte uns, die Worte im Herzen zu bewahren und im Herzen zu bewegen. Bei der Verkündigung des Engels heißt es: *Der Engel trat bei ihr ein und sagte: Sei gegrüßt, du Begnadete, der Herr ist mit dir. Sie erschrak über die Anrede und überlegte, was dieser Gruß zu bedeuten habe.* Später sprachen die Engel zu den Hirten, woraufhin diese nach Bethlehem zogen: *So eilten sie hin und fanden Maria und Josef und das Kind, das in der Krippe lag. Als sie es sahen, erzählten sie, was ihnen über dieses Kind gesagt worden war. Und alle, die es hörten, staunten über die Worte der Hirten. Maria aber bewahrte alles, was geschehen war, in ihrem Herzen und dachte darüber nach.*

Auch Jesus lehrte uns: *Wer Ohren hat, der höre.* Die mangelnde Hörfähigkeit vieler Menschen – trotz eines intakten Gehörs – ist gleich die „Sprachlosigkeit", das Nichtverstehen des anderen. Die „Sprachlosigkeit" kann mit einem Gewürm verglichen werden, das sich durch das Gehör vieler Menschen schlängelt und die Sprachmembrane beeinträchtigt.

Werde leer von unwesentlichen,
ichbezogenen Gedanken.
Werde ruhig. Gott ist die Stille

Lieber Leser, ich möchte es uns noch einmal ins Herz schreiben: Lerne hören, gleich hinhorchen. Höre zuerst, was du selbst sagst, und wäge es auf der Waage der Goldenen Lebensregel ab. Hast du dich selbst erhorcht – was du sagst und was hinter deinen Worten „mitredet", gleich mitschwingt, dann wirst du dich auch im Hinhören weiter üben, um auch in die Worte des anderen hineinhören zu lernen und zu erfassen, was hinter diesen „mitredet".

Der Mensch, der in seinen eigenen Worten und in denen der anderen zu verweilen gelernt hat, indem er zuhört, was der andere zu sagen hat, dessen eigene Sprache gewinnt an Ausdruck, Gewicht, Bedeutung und Wesentlichkeit. Wer sich in diesem Sinne schult, der hat die Hilfe der allweisen, inneren Kraft an seiner Seite, die ihm in der Wortwahl und in der Rede beisteht. Das ist der nahe Gott, die Liebe, die Seinem Menschenkind in allen Situationen des Lebens dienen möchte.

Der grundlegende Schritt, um das Höchste zu erreichen, heißt: Wende in deinem Leben die Goldene Lebensregel an. Achte die Gebote Gottes und die Lehren des Jesus, des Christus. Werde leer von unwesentlichen, ichbezogenen Gedanken, dann wirst du ruhiger und findest zur Stille, die Gott ist. Dann wirst du aus Gesprächen und Ereignissen das heraushorchen, was für dich und für deinen Nächsten gut ist, das dem Willen Gottes entspricht.

Wer Gottes Existenz im Innersten seiner Seele erfahren möchte, dem eröffnen sich viele Möglichkeiten. Eines sollte grundsätzlich dabei beachtet werden, und das ist wesentlich: Gott ist die Stille. Das Getöse um unsere Person, diese Unruhe, die wir unserem Nervensystem zumuten, und das Laute, das wir in uns und um uns schaffen durch fortwährendes Nachgrübeln über unser persönliches Selbst und über andere, oder das viele unnütze Reden und hektische Gestikulieren führen nicht zur Stille und nicht zur inneren Erfahrung und Wahrnehmung.

Wie wäre es, wenn wir lernen, unseren Atem zu kontrollieren, uns angewöhnen, ruhig zu atmen, so daß wir ruhiger werden? Jeder Tag und jede Jahreszeit könnte uns eine große Hilfe sein.

*Nimm in der stillen, tiefen Betrachtung von
Bildern der Natur die Kommunikation auf
zum Allgeist, Gott, der dir helfen möchte,
dich von mancher Last zu befreien*

Der Mensch ist wahrlich ein Bilderbuch. Jeder
Mensch speichert jeden Moment das, was seine fünf
Sinne bewußt wahrnehmen. Das registrieren seine
Nerven, das nimmt sein Gehirn als Bild oder als Bil-
derfolgen auf. Prüfen wir uns selbst: Was uns gedanklich bewegt, das halten wir bildhaft fest. Daß dies so
ist, wird uns erst dann bewußt, wenn wir uns beim
Denken und vor allem beim Sprechen selbst kontrollieren.

Einige Hilfen, um uns in unseren Bildern wiederzufinden:

Gerade in der Winterzeit, in der die Natur ruht,
zieht sich auch der Mensch gerne in sein Haus oder
in seine Wohnung zurück, in Räume, die Wärme und
Behaglichkeit ausstrahlen. Wenn wir wollen und es
möglich ist, könnten wir uns vor einem brennenden
Feuer, eventuell vor einem offenen Kamin, einüben,
ruhig zu werden.

Setze dich in einen bequemen Sessel oder auf
einen entsprechenden Stuhl, und beobachte die
brennenden Holzscheite, die sich den züngelnden
Flammen hingeben, um dir Wärme zu spenden.
Schalte deine Alltagsgedanken ab, und versuche,

117

dich mit den Flammen und dem Brennholz zu vergleichen. Wisse: Du bist auf dieser Erde als Mensch, der sich für Gottes Liebe, Weisheit und Größe entflammen soll. Du bist der Sohn oder die Tochter des ewigen Vaters, dessen Geist in dir wohnt, gemäß dessen Gesetz der Liebe du leben sollst. Erwecke in dir folgende, sinngemäße Gedanken, und lasse sie bildhaft werden:

In dir, in der Nähe deines physischen Herzens, ist eine imaginäre Flamme, die Christusflamme, das Licht und das Leben deiner Seele und deines Körpers. Was diese Flamme gleichsam als „Brennholz" aufnimmt, sind deine unguten, drängenden Gedanken, alles, was dein Herz erkalten ließ, wie trennende und bindende Gedanken, auch Neid, Abwertung, Schuldzuweisungen, Feindschaft, Habgier, Überheblichkeit, Profitdenken, Besserwisserei, Bevormundung anderer und vieles mehr. Das Licht des Christus in dir nimmt dein Negatives auf und wandelt es um in positive Energie.

Stell dir die Christus-Flamme in dir vor, und übergib ihr alle die täglichen herzlosen, grüblerischen, drängenden und nichtigen Gedanken, die dir nun bewußt werden. Übergib auch unnütze, hektische Worte, egozentrisches Verhalten und – wenn möglich, noch nicht ausgeführte, aber in Gedanken bereits erwogene – Tätlichkeiten. Während der Kommunikation zwischen der Christusflamme und dir laß

118

deine Augen und Sinne auf der offenen Flamme, z.B. dem Kaminfeuer, und dem Brennholz, ruhen. Atme dabei ruhig und tief. Wisse: In allem ist das Leben. Auch in der Flamme und im Brennholz ist der Geist Gottes, der dich inspirieren und dir helfen möchte, so daß du deine Gegensätzlichkeiten erkennst, die dein Herz gegenüber anderen erkalten ließen. Lege sie in die Christusflamme in dir.

Machen wir uns bewußt: Ohne Reue werden wir immer und immer wieder das Gleiche tun. Deshalb ist die Reue von Bedeutung. Damit die Reue in deinem Herzen wächst, denke an die Goldene Lebensregel, die u.a. besagt: Was du nicht willst, daß dir andere antun, das tue auch du ihnen nicht an. − Wenn du von anderen nicht so behandelt werden möchtest, wie du an ihnen in Gedanken, Worten oder unter Umständen durch Taten gehandelt hast, dann beginnt die Reue. Lege sodann das von dir erkannte Ungute, also die Widrigkeiten, mit Inbrunst in die Christusflamme. Solltest du dabei gedanklich abschweifen, dann hole dich zurück, konzentriere dich auf deine Atmung, und bleibe so auf die offene Flamme ausgerichtet, der du alles, was dir an Ungutem bewußt ist, übergeben kannst, denn sie symbolisiert das Christuslicht in dir, die Kraft des Christus, die alles Üble verzehrende Flamme.

Glaube fest daran, daß der Geist Gottes in allem ist und daß Er dich auch über die lodernden Flammen und das brennende Holz zu inspirieren und dir zu helfen vermag. Durch die All-Kommunikation ist alles und sind alle miteinander verbunden. Bejahe die Hilfe des Geistes!

Bist du wirklich bereit, dich zu verändern, ruhiger und stiller zu werden, bist du bereit, dich selbst zu hinterfragen, dich selbst im „Warum?" als Mensch tiefer zu ergründen, so bist du bereit zu lernen. Dann wirst du sehr bald die Erfahrung machen, daß du dich von mancher gedanklichen Last befreist. Du fühlst dich leichter und freudiger; dein Atem geht ruhiger und tiefer, weil dein Vertrauen gegenüber Gott wächst. Das ist die erste feine, zarte Antwort aus dem Urgrund deiner Seele. Gott, die Liebe, möchte dich, Sein Kind, Seine Tochter oder Seinen Sohn, glücklich machen.

Ein weiteres Bild, das helfen kann, ruhiger und besonnener zu werden, von drängenden, abwertenden und kalten Gedanken Abstand zu gewinnen, ist folgendes:

Schneit und regnet es draußen, so setze dich an das Fenster, und schaue den sich leicht und frei bewegenden Schneeflocken zu oder den Regentropfen, die sich an den Fensterscheiben wie Perlen aufreihen, dann ineinanderlaufen und herunterfließen. Ob es die Schneeflocken oder die Wassertropfen sind, sie kommen aus den Wolken. Die Wolke läßt ab, sie läßt also los, um dem Erdreich zu dienen.

120

Wie steht es um unser innerstes Wesen? Es kam aus den Himmeln auf die Erde, wurde Mensch, um das loszulassen, was sich in der Seele gegen das Reich Gottes, gegen die ewige Heimat, angesammelt hat. Durch den Fallgedanken, sein zu wollen wie Gott, wandte sich das Kind des Himmels von Gott ab; es trennte sich von der Gottes- und Nächstenliebe und pflegte seine personenbezogene Liebe, die Eigenliebe. Der Planet Erde hat das göttliche Wesen, das sich mit der Eigenliebe umhüllte und allmählich Mensch wurde, aufgenommen. Somit ist die Aufgabe des Menschen, sich als Wesen in Gott wiederzufinden, indem er den Willen Gottes tut, damit seine Seele als göttliches Wesen wieder zurückzukehren vermag in das Reich Gottes, das seine ewige Heimat ist. Der Mensch ist also nur Gast auf Erden. Als solcher sollte sich der Mensch auch verhalten.

Als Gott die Erde für die Menschen schuf, gab Er, wie schon erwähnt, der Erde das mit, was auch der Himmel trägt, im reinen Sein allerdings in feinstofflicher Form. Hier sind Mineralien, Pflanzen und Tiere, grobstofflich, wie auch der Mensch grobstofflich ist. In allem Grobstofflichen wie auch in den Elementarkräften, die die lebensspendenden Energien für die Erde sind, sind Gottes Kraft und Gottes Liebe.

Dem Menschen ist also geboten, sich zu veredeln, seinen Charakter zu verfeinern durch edle, gottgewollte Gedanken und dementsprechendes Verhalten, damit er sich wieder seiner Herkunft als Wesen in Gott bewußt wird. Dadurch wird der Mensch ruhiger und besonnener. Er gewinnt Weitsicht und Umsicht, wodurch er erfaßt, daß zur Einheit Menschen, Tiere, Pflanzen und Mineralien gehören, alles, was die Erde trägt.

Wer das nicht nur erkennt und bejaht, sondern die Schritte zur Veredelung tut, der erkennt auch, daß die Bilder, die sein Tag ihm zuspiegelt oder die sich aufgrund des Gehörten in ihm aufbauen und die er in sich wirken läßt, Hilfe sein können, um sich mehr und mehr zu verinnerlichen, also zur Ruhe zu finden, um die Stille zu erlangen, die im Herzen der Seele Inspiration ist.

Der Frühling zeigt uns ganz andere Bilder als der Winter. Auch der Sommer und der Herbst lassen in uns immer wieder andere Bilder und Situationen entstehen, die entsprechende Gemütsbewegungen hervorrufen. Nehmen wir uns die Zeit, das, was unsere fünf Sinne wahrnehmen und was uns bewegt, in uns bewußt aufzunehmen, um dann, wenn wir Zeit und Muße haben, diese Bilder näher zu betrachten und zu analysieren, so werden wir allmählich ruhiger, wachsamer und aufnahmefähiger für die kosmische Kraft.

Jeder Mensch erhält Anstöße über die Sinneswahrnehmungen. Was er registriert, darüber denkt

122

er nach, das steuert unter Umständen auch die Atmosphäre seines Willens, die vielfach auf dem Wollen basiert. Je nach dem Lebenswandel des einzelnen nimmt jeder von uns zu jeder Jahreszeit andere Bilder auf und erlebt auch wieder andere Vorgänge. Die Gedanken- und Wunschwelt verändert sich ebenfalls von einem zum anderen Lebensabschnitt.

Jeder Mensch, ob er älter oder jünger ist, hat es in der Hand, sein Erdenleben so oder anders zu gestalten. Jeder Mensch ist individuell, denn schon bei der Geburt bringt jeder von uns gewisse Muster, Grundzüge für seine Lebensführung mit. Wir sagen vielleicht: Es liegt in den Genen; es sind die positiven oder weniger guten Erbanlagen, die uns lenken oder gar beeinflussen. – Doch ungeachtet dessen können wir unser Erdenleben schließlich jederzeit in die Hand nehmen, um es auf die Gebote Gottes und auf die Lehren des Jesus, des Christus, auszurichten. Es ist unsere Entscheidung, ob wir das wollen oder nicht, und ob wir dann auch entsprechend handeln. Es ist ja <u>unser</u> Leben, und <u>wir</u> sind es auch, die für unser Leben die Verantwortung tragen.

Gott hat in Seinen Geboten nicht einigen Seiner Kinder Privilegien gegeben. Er hat keine Konzessionen an jene gemacht, die es schwerer haben als die mit eventuell besserem Genmaterial. Das heißt, daß Gottes Hilfe jedem gleichermaßen zuteil wird –

vorausgesetzt, der Mensch will es. Es kommt also auf unseren Willen an, ob wir ruhiger oder stiller werden wollen, um die Einheit, die Gott ist, zu erfahren, um Gott näherzukommen.

Die weise und allmächtige Kraft Gottes dient uns; sie ist eine unschätzbare Kraft, um uns eine gedankliche Basis zu schaffen, die uns im Herzen reich macht und unsere Sinne zur tiefen Wahrnehmung anleitet.

Lerne, die Botschaft aus allem zu erfassen,
und du beginnst, wahrhaft zu leben!
Gewinne einen inneren Erfahrungsschatz,
innere Lebenskraft und Freude

In allem, was uns der Tag aufzeigt, ist Gottes Wort an uns. Wer lernt, in die Tagessituationen hineinzuhören, der bekommt auf vielfache Art und Weise Antwort. Plötzlich geht ihm ein Lichtlein auf, und er weiß, wie er Dinge und Situationen lösen oder wie er in der Familie, im Freundeskreis Frieden schaffen kann. Auch die Natur wird ihm Botschaften übermitteln, die ihm aufzeigen, daß Gott, die Liebe, gegenwärtig ist. Wer sich die Mühe macht, zu lernen und zu üben, wird später auch aus dem, was um ihn herum lärmt, tönt oder redet, aus dem disharmonischen Vielerlei, das heraushören, was ihn betrifft.

Mache dir bewußt: Alles schwingt, alles klingt. Was du hörst oder nicht hörst, hat verschiedene Tonlagen, Frequenzen also, die dich umgeben.

Die ganze Welt ist ein riesiger Klangkörper, aus dem viele Wellen in dich eindringen, deine Gefühle, Gedanken, deine Wünsche und dein Wollen anregen und dich unter Umständen in die Turbulenzen der Veräußerlichung ziehen möchten. Sei auf der Hut – lerne, ruhig zu werden; übe es, und du wirst bald erkennen und spüren, daß in dir eine mächtige Kraft ist, die dir beisteht, das, was du siehst und hörst, zu hinterfragen, zu durchschauen und wahrzunehmen.

Hast du dich im Schauen und Hören geübt, dann wirst du sehr bald feststellen, daß sich dein Geruchs-, Geschmacks- und Tastorgan ebenfalls verfeinern. Hast du gelernt, in das, was dich bewegt, hineinzuhören, dann wirst du auch in deinen Schmerz hineinhorchen, um herauszuspüren, was er dir sagen will, denn körperliche Schmerzen haben, wie alles, ihre Sprache.

In allem ist Gott, die große Liebe, die dir beisteht und hilft. Sei du Sein Instrument, und du erlebst Gott in dir.

Lerne immer mehr, mit deinen Sinnen umzugehen, sie als Wahrnehmungsorgane zu schulen, dann werden sie immer wacher und sensitiver.

Merke dir: Was du fühlst und empfindest, was du denkst und sprichst, das dich bewegt, hat eine Botschaft für dich. Hinterfrage, was dich bewegt, und du lernst dich selbst immer besser kennen. Dann wirst du allmählich über dich selbst der Kontrolleur sein. Du wirst an dir, später auch an deinem Nächsten, einiges wahrnehmen, das du bisher nicht feststellen konntest.

Wohlgemerkt: Es geht nicht darum, deine Gefühle, Empfindungen, Gedanke, Worte und Handlungen als nichtig zu betrachten. Ganz im Gegenteil: Lerne, die Botschaft aus allem zu erforschen. Das ganze Erdenleben soll ein Lernen sein.

Wer sich selbst nicht aufgibt, wer bestrebt ist, aus allen Vorkommnissen zu lernen und Lernschritte zu tun, der beginnt erst zu leben. Wahres Leben erfüllt und macht glücklich. Leben macht frei. Leben ist die wahre Liebe. Lerne, die Wahrheit zu lieben, dann wirst du frei. Wer wahrhaft liebt, tut Gutes – und er läßt das noch vorhandene Ungute, weil er nicht mehr damit in Einklang ist. Es ist ihm immer deutlicher wesensfremd.

Lieber Freund, der du dies liest, dir wird aufgefallen sein, daß ich bestimmte Hinweise immer wieder noch einmal wiederhole. Ich selbst habe in meinem geistigen Werdegang erfahren, daß man sich gewisse Vorgaben immer wieder vor Augen führen und zu Herzen nehmen muß, damit sie eines Tages greifen und uns zu eigen werden. Deshalb – wenn du ihren

Wert für dich erkannt hast und so du es möchtest – lies sie immer wieder. Mancher ernsthafte Gottsucher schreibt sie sich auch auf und trägt sie bei sich. Sobald sich irgendwo plötzlich freie Minuten bieten – und sei es z.B. beim Warten auf den Stadtbus –, liest er seine Notizen, und oftmals empfindet er schon Vorfreude, weil sie das ausstrahlen, was in ihm im Werden begriffen ist: das Innere Leben, das Wesen und Leben seiner Seele. – Unter Umständen könnte es auch dir so ergehen. Es wäre einen Versuch wert.

Und, lieber Bruder, liebe Schwester, ein Rat: Verzage nicht, wenn sich auf deine guten Vorsätze hin erst einmal manches Gegensätzliche zeigt. Das ist ganz natürlich so. Dann heißt es: Durchhalten! Mache dir bewußt, wie lange du die alten Verhaltensweisen gepflegt hast. So ist es verständlich, daß sie nicht von einem Tag auf den anderen weichen.

Wer nicht müde wird, zu üben, um zu lernen, wer weiterhin bestrebt ist, mit der Hilfe und der Kraft des Christus Gottes ein neuer Mensch mit kosmischen Wesenszügen zu werden, der wird mit der Zeit Einsicht und Umsicht gewinnen und einen Erfahrungsschatz, der ihm eine innere Lebenskraft verleiht, deren Basis Freude ist. Lerne also, die Bilder aufzunehmen und zu hinterfragen. Lerne, die Augenblicke zu schätzen, denn überall, wo du gehst und stehst, kannst du üben, leer und still, gleichsam frei zu werden.

Eine weitere große Hilfe, Gott, der Liebe, näherzukommen, wäre, auf gute Gedanken zu achten, die wir an den Geboten Gottes und an den Lehren des Jesus, des Christus, messen können, um sicher zu sein, daß sie gut, also gottgewollt sind.

Wisse: Aus einem gottgewollten Gedanken, der allfruchtbar ist, können sich weitere Gott zugewandte Gedanken entwickeln, weil in einem wahrhaft positiven Gedanken das ganze All mitträgt. Wer danach strebt, besonnener, ruhiger und freier zu werden, der lebt auch gottbewußter. Menschen in Seinem Geiste wenden sich mehr und mehr nach innen, zur All-Weisheit, zur Liebe Gottes. Das ist der Weg zur Harmonie und der Weg in die Unendlichkeit, zum Unendlichen.

Lerne, dich selbst zu kontrollieren. Nimm dir die Zeit für geistige Übungen, dann erweitert sich dein Bewußtsein, und du wirst ganz allmählich deine Mitmenschen besser verstehen. Denn das Verhalten des Menschen, seine Mimik, Gestik, seine Ausdrucksweise, seine Kleidung und vieles mehr tun kund, was der Mensch empfindet und denkt. Wer ernsthaft den Weg zum Leben geht, dem wird Gott ein bewußter Wegbegleiter, Berater und Helfer sein.

Die Kommunikation mit Gott in dir.
Lasse dich von der
allgegenwärtigen Liebe berühren,
die sich in der Stille offenbart

Gott weiß, was der Mensch zu tragen vermag. Alles das, was wir als untragbar bezeichnen, kommt nicht von Gott. Es ist unsere selbst auferlegte Last, über die wir jammern und die wir oftmals Gott anlasten.

Viele Menschen, die ein veräußerlichtes Dasein führten, die buchstäblich ihrem Ego verfallen waren, machen spätestens im Alter die bittere Erfahrung, daß der Einsatz in ihrem Erdenleben kaum Gewinn und Ansehen brachte. Enttäuscht, verbittert und von Kummer gezeichnet, beginnen sie dann, dahinzuvegetieren.

Würdiges Leben in der Jugend heißt würdiges Sterben im Alter.

Die Jugend hofft, in dem Mann, in der Frau, in der Familie einen sicheren Hafen zu finden und angenommen zu sein. Im Alter ist man vielfach allein, man fühlt sich unverstanden, man kann über das, was einen beschäftigt, mit niemandem reden. Keiner will zuhören – jeder geht seinen Weg.

Die Inhalte des Denkens, Wünschens und Tuns der meisten Menschen betreffen das, was ihnen am nächsten liegt: ihr eigenes Wohl. Aufgrund des Egoismus ist sich jeder selbst der Nächste.

Jedes Erdenleben währt nur eine begrenzte Zeit. Kaum einer denkt darüber nach, daß auch er irgendwann an der Reihe ist und daß er von dem in der Welt Erworbenen nichts mitnehmen kann, außer der inneren Lebenssubstanz, den geistigen Werten, die auf Verwirklichung der selbstlos-unpersönlichen Liebe, der Gottes- und Nächstenliebe, beruhen. Von Wert ist nicht, was einer erhalten oder sich gar genommen hat, sondern das, was er sich selbst geistig erarbeitet und was er anderen selbstlos gegeben hat.

Nur das, was anderen zum Glück und zur Freude gereicht, macht letztlich wahrhaft glücklich.

Das wahre Glück ist das innere Glück, der innere Reichtum. Ein Mensch mit innerem Reichtum hat in sich schon einige Aspekte des Inneren Lebens erschlossen durch Selbstlosigkeit im Denken und Tun und durch die innere Hingabe an Gott, das Leben, das in allem ist. In der Stille seines Herzens hat er immer wieder die Botschaft aus dem Strom der Allkraft erspürt und erhorcht. So hat er auf mannigfaltige Weise sich selbst gefunden und die Sicherheit erlangt: Gott, Christus ist gegenwärtig in allem, erfahrbar in jedem Augenblick.

Die Kraft, Liebe und Weisheit Gottes ist der große, mächtige All-Magnet, der jeden von uns an sich ziehen möchte. Wann immer wir es Ihm erlauben, nimmt Er verstärkt Kommunikation zu unserem inneren Herzen auf, in dem das Urkraftpotential unseres ewigen Wesens auf seine Befreiung wartet. Wir spüren es als Ahnen, als Sehnsucht, als vermehrte Strahlung, die uns anhebt und erfüllt.

Der erste Schritt, der dies möglich macht, geht immer von uns, dem Menschen, aus, denn das Licht Gottes wartet auf uns, so lange, bis wir uns anschicken, uns nach innen zu wenden, um uns mehr und mehr auf die ewige Quelle, Gott, in uns auszurichten. Wie? Durch Üben und Lernen, durch geistige Selbstüberwindung, durch innere Hingabe, durch Versenkung in die Innere Stille und durch Gebet. Und Beten bedeutet letztlich nichts anderes, als die Kommunikation mit Gott, mit Christus im Inneren anzustreben.

Lieber Leser, erfasse folgende Aussage:
In dir blüht das Leben. Pflücke die Rose der Liebe in dir, und du wirst zu ihrem Duft.

Denke öfter über Gott nach, und lerne, Gott, den Ewigen, Heiligen, in dir zu fragen. Gott hört dich – du jedoch nicht immer Gott. Er, der große All-Eine, weiß, wie Er dich zu erreichen vermag. Er kennt den Tag und die Stunde.

Vor vielen Jahren sprach Gott, der Ewige, unser himmlischer Vater, dessen Kinder wir sind:

Mein Kind, sei edel und gut! Blicke stets nach innen,
und frage Mich, den Herrn und Gott, in allen Dingen.
Siehe, entsprechend deinem Bewußtsein will Ich dir
Antwort geben, denn Ich Bin in allem alles. Das erkenne!

Lerne, im Trubel unserer Zeit die Ruhe zu bewahren. Richte dir deine Tage so ein, daß du dir vor
jedem Problem, vor jeder Situation, vor jedem Gespräch einen Augenblick Zeit nimmst, um die innere
Ruhe und Sammlung zu erreichen, so daß du dich
selbst befähigst, Wesentliches vom Unwesentlichen
zu unterscheiden.

Nimm folgendes in dein Bewußtsein auf:
Jeder Tag spricht aus unzähligen kleinen und großen Ereignissen zu dir. Infolgedessen gibt es immer
wieder Möglichkeiten, mit Gott Zwiesprache zu halten. Er vernimmt dich. Ein Gedanke an Gott, ein
gutes Wort an den Nächsten, eine hilfreiche Geste
sind kommunikative Gedanken, Worte und Taten,
die auch Gott erreichen.
Die Abendstunden können kostbare Erfahrungen
bringen, denn wenn es ruhiger wird, wenn sich die
Menschen mehr und mehr in ihre Wohnungen und
Häuser zurückziehen, wenn die Natur eine sanfte
atmosphärische Schwingung der Ruhe ausströmt,
beginnst auch du, ruhiger zu werden, um dich zu sam-
meln und zu beten.

Machen wir uns noch einmal bewußt, was „beten"
heißt. Es heißt, sich Gott, sich Christus im Inneren
zuzuwenden, zu Ihm zu sprechen, die Gebetsworte
in sich nachschwingen zu lassen, auch Fragen an
Gott im Herzen zu bewegen, um zu erspüren, was
wohl die gottgewollte Antwort darauf ist. Das meditative Gebet ist eine Quelle von Kraft und Licht.
Nicht selten wird es wie von selbst einmünden in
das Gebet für Mitmenschen, für bestimmte Aspekte
des großen Ganzen, die uns wahrlich am Herzen
liegen, für die Natur, die Tiere und für manches mehr.
Das ist ein Beten, das erfüllt und uns Gott näher
bringt, vor allem, wenn wir uns dann auch selbst
daran halten, uns also entsprechend verhalten. Ein
solches „Gespräch", eine solche Kommunikation mit
Gott, mit Christus hinterläßt oftmals ein inneres
Gefühl von Erfülltsein und Dankbarkeit, das unseren
Alltag durchsonnt.

Lerne also, die Abendstunden zu nützen. Schon
eine Viertelstunde der Sammlung, um über Gott und
das wahre Leben nachzudenken, kann für dein Erdendasein eine unschätzbare Bereicherung sein. Auch
die Eindrücke deines Tages, die in dir noch nachschwingen und dir eine Botschaft vermitteln wollen,
sind Hilfen von Wert.

Das Bewußtsein, Gott ist in dir, hilft dir und jedem
von uns, unsere Sinne nach innen zu wenden. Wer

sich daran hält, indem er täglich die Sammlung und das Gebet mit Hingabe erfüllt, der erlangt Ausgeglichenheit, innere Ruhe und gewinnt einen erholsamen Schlaf, der wahrlich ein Gewinn ist, denn so manche Lösung einer Aufgabe oder eine konstruktive Antwort auf Gespräche oder Fachfragen steht am Morgen des nächsten Tages vor uns wie ein aufgeschlagenes Buch.

Menschen, die sich der inneren Kraft bewußt sind, wissen, daß die Hilfe von Gott kommt. Wer sich Gott zuwendet, um von innen, vom All-Weisen, im Gebet zu empfangen, für den wird es zum Bedürfnis, mit Gott Zwiesprache zu halten. Der Geist Gottes in uns ist die Kraft der Liebe. Es ist der Geist unseres ewigen Vaters, der Seinem Sohn, Seiner Tochter beistehen möchte, die Erdentage zu meistern.

Bei allem Nachdenken sollten wir nicht vergessen, daß jeder Mensch in Bildern denkt, die er entsprechend seinem derzeitigen Bewußtseinsstand ausmalt, indem er diesem mit dem Pinsel seiner Gefühle und Leidenschaften Leben verleiht. Das tun wir, auch wenn wir unsere Pinselstriche nicht als das Maß der Absolutheit sehen. Der Geist unseres ewigen Vaters, Gott, ist ein tiefer, allströmender Ozean, den wir in einigen Bildern nicht absolut erfassen können. Unser Gehirn, das als Teil der Materie dreidimensional angelegt ist, kann das Überdimensionale, den Ozean, nur tropfenweise wahrnehmen, aber nicht alles verstehen. Aus dem Tropfen des Ozeans GOTT, der wie alles Leben die Essenz des ganzen Ozeans enthält, können wir nur einige Aspekte wahrnehmen, und diese nur mit dem Herzen der Seele, also mit den feinen Empfindungen, die von innen aus dem Seelengrund kommen.

Dies zu erfahren, macht uns schon glücklich. Wollen wir diese Erfahrung in Worte fassen, merken wir, daß uns das nur unzureichend gelingt. Und sollte ein solches Mitteilungsbedürfnis uns überkommen, wäre es überhaupt angebracht, diesem auf den Grund zu gehen, in der Frage: Warum möchte ich darüber sprechen? Was will ich damit unter Umständen bezwecken? Oder: Kann meine innere Herzenserfahrung meinem Nächsten nützen?

Jeder einzelne hat nicht nur eine andere Bewußtseinslage, sondern auch einen anderen Weg in das Innere Leben. Christus kennt diesen Weg, und da Er uns durch und durch kennt, führt Er uns – wenn wir wollen –, wie kein Mensch dies könnte. Christus ist, auch so gesehen, der Weg – und Er ist auch das Ziel, denn unser wahres Wesen ruht in Ihm, und Er geleitet uns heim zum Vater.

Statt das, was uns von Gott eventuell als Voraus-Gabe, zur Ermutigung und zum Ansporn gegeben ist, zu zerreden, sollten wir lieber die konkreten Schritte im Alltag tun, die ich noch einmal nennen möchte:

Es bedarf als erstes, sich selbst zu hinterfragen, sich selbst zu beobachten, sich selbst zu erhorchen, als zweites, zur Ausgewogenheit, zur inneren Ruhe zu finden, und als drittes sollten wir – dann, wenn wir eventuell ein Tröpfchen aus dem All-Ozean Gott empfingen, z.B. feine Regungen, die uns eine Lösung für ein ungelöstes Problem oder in einem entscheidenden Gespräch eine produktive Antwort brachten – nicht überheblich reagieren, indem wir glauben, wir hätten den ganzen Ozean empfangen.

So mancher denkt, wenn ihm der Ozean Gott ein Tröpfchen in den neuen Tag herübergereicht hat, er wäre nun in den Ozean eingetaucht. Halten wir uns an die Realität in der Frage, ob wir darin zu schwimmen gelernt haben und ob uns der All-Ozean schon trägt! Der Weg zum Ozean GOTT heißt, erst einmal die Schritte zu tun, die Sinne zu schulen und im Alltag die Goldene Lebensregel anzuwenden.

Was wir jedoch im Kopf und nicht mit dem Herzen bewegen, ist nichts anderes als die Spiegelung im Ozean, eine Verzerrung, aus der sich Vorstellungen entwickeln können, die nicht der Realität entsprechen. Deshalb sollten wir selbstkritisch bleiben und uns bewußt machen, ob wir denn schon gemäß den Geboten Gottes und den Lehren des Jesus, des Christus, leben. Gerade die Gebote Gottes und die Lehren des Jesus, des Christus, helfen uns, auf dem Boden

136

der Tatsachen zu bleiben, um das, was uns eventuell unsere Wünsche zuspiegeln, objektiv zu betrachten, um also zu unterscheiden, ob es unsere Vorstellungen sind oder Hilfen aus dem Ozean GOTT.

Dürfen wir tatsächlich einmal aus unserem Inneren einige Impulse, gleich Gedanken, empfangen – Bewußtseinsinhalte, die unter Umständen den Anschein erwecken, als seien sie direkt vom Geist des Lebens gegeben –, so ist das nicht gleich das unmittelbare Innere Wort! Voraussetzung dafür, überhaupt Impulse aus dem Strom des Lebens zu erhalten – die aber noch mehr oder weniger gefärbt sind von unseren allzumenschlichen Programmen und von unserem Wissen –, ist das Vertrauen in Christus, den Geist des Inneren, Vertrauen vor allem, daß Er uns, den aufrichtigen, um Wahrhaftigkeit ringenden Menschen, führt, daß Er ihn auch so zu lenken weiß, daß dieser gegebenenfalls Irrtümer und Fehleinschätzungen zu erkennen und die Kursrichtung zu korrigieren vermag.

Die Aufgabe für jede Seele im Erdenkleid ist, wieder göttlich zu werden, eins mit dem Unendlichen, im Inneren Reich. Das Innere Leben durchstrahlt dann den Menschen; Gott spricht, handelt und wirkt durch ihn. Unser eigentliches Ziel ist also, nicht nur Sein Wort in allem und in unserem Inneren zu hören

137

und zu befolgen, sondern jeder von uns sollte eines Tages „zu Seinem Wort geworden" sein, was bedeutet, daß wir durchdrungen sind von Seinem Gesetz und somit jede unserer Lebensäußerungen und wir selbst Sein Gesetz sind.

In unserem Gehirn laufen alle persönlichen Eingaben ab, gedankliche Vorgänge, die vielfach der Gedankenwelt des anderen entgegenstehen. Allein schon, wenn sich zwei über Gott unterhalten: Obwohl beide einer kirchlichen Konfession angehören, meint der eine: „Gott ist unendlich weit entfernt", der andere ist der Ansicht: „Gott ist uns ganz nahe". Jeder Mensch ist grundverschieden vom anderen, weil die Eingaben in seinem Gehirn eben seiner Denkweise und seinen Ansichten entsprechen.

Es kommt also immer auf die Selbstprogrammierung an, auf die Speicherung in unserem Gehirn. Die Programmierung unserer Gehirnzellen ist ausschlaggebend, denn sie ist die Klaviatur, auf der unser Ego den Ton angibt. Leben wir mehr und mehr nach der Goldenen Lebensregel, dann sind auch unsere Gehirnzellen mehr auf Gott ausgerichtet, dann kann uns Gott auch erreichen. Wer also seine Denk- und Handlungsweise hinterfragt und sein Leben der Goldenen Lebensregel widmet, der gibt in seine Gehirnzellen geistige Lebensprogramme ein, die mehr auf den All-Sender, Gott, auf den All-Ozean, ausgerichtet sind als auf die „Ich-Ich"-Programme „Alles-nur-für-mich!".

Binde dich nicht an allzumenschliche Wünsche! Binde dich weder an theologische Meinungen und Vorstellungen noch an kirchliche Gottesbilder. Das dreidimensional ausgelegte Gehirn kann Gott, die All-Energie, nicht schauen; deshalb mache dir kein Bild von Gott. Jeder kann die Gotteskraft im Alltag erleben, denn Gott liebt uns, gibt uns Kraft und steht uns bei, Gutes zu tun, das, was Seinen Geboten und den Lehren Seines Sohnes, des Jesus, des Christus, entspricht. Gott ist allgegenwärtig. Auch in unserem Körper können wir Seine Gegenwart erspüren. Gerade in den Abendstunden, dann, wenn uns die Sammlung, das meditative Nachdenken über Gott, über das Leben und über unseren Tagesverlauf, zum Bedürfnis geworden ist, spüren wir, wie sich der All-Ozean in uns bewegt.

Machen wir uns also kein Bildnis von Gott, doch lassen wir uns vom mächtigen All-Ozean berühren, von der allgegenwärtigen Liebe, die in uns strömt, die sich in uns in der Stille offenbart.

Wer in der Sammlung und meditativen Betrachtung geübt ist, bleibt in den vielen Tagesereignissen, die auf ihn zukommen, besonnener und wachsamer, weil sich seine Sinne verfeinert haben. Sein Blick ist ruhig und sein Gehör ist feiner geworden; der

Mensch hat gelernt, hinzuhören und sowohl in die eigenen Worte als auch in die seiner Mitmenschen hineinzuhören. Sein Geruchs- und Geschmackssinn ist sensitiver. Er hat gelernt und lernt weiter – denn er weiß, daß der Mensch nie auslernt.

Sensitive Menschen werden sich starken, aufwühlenden Gerüchen nicht mehr aussetzen. Schwere alkoholische Getränke und der Verzehr von Fleisch sind für ihn keine Debatte mehr wert. Er ist geistig überzeugter Vegetarier geworden. Auch werden Menschen, die in sich ruhen, nicht alles betasten und anfassen müssen.

Der Egozentriker
kann Gott nicht erfahren

Die Bedürfnisse eines Egozentrikers, der seine Sinneswelt benützt, um von sich reden zu machen, ist im Gegensatz zu einem verinnerlichten Menschen lautstark. Was er sieht, hört, riecht, schmeckt und betastet, zelebriert er mit vielen Worten, um sich darzustellen.

Die nach außen gerichteten Sinne kann man auch als Ego-Sinne bezeichnen, die dem Egomanen zur Aufwertung dienen, um anderen ein bestimmtes, an äußeren „Werten" orientiertes Bild von sich zu vermitteln – von dem, was er besitzt, was er erworben hat, wie Auto, Haus, Einrichtung, Kleidung, eben sein „Vermögen". Er brüstet sich mit dem, was er gehört hat, was er weiß, was ihm mitgeteilt wurde und was er bei Festen und Banketts gegessen hat. Er will, daß andere ihn als klugen und überdurchschnittlich Begabten ansehen. Die ganze Sinnespalette ist ein einziges Anbiedern. Und warum? Letztlich, um Defizite zu bemänteln, um seine Schwächen zu überspielen. Er erwartet, ja er lechzt nach Anerkennung in jeder Form.

Der auf sich selbst und sein Wohl Bedachte mit seinem engen Bewußtsein ist ständig in Erwartungshaltung.

Das Streben und Heischen nach Anerkennung, nach Bestätigung durch Mitmenschen geht immer einher mit Abwerten des einen – zwecks Aufwertung seiner selbst – und mit Aufwertung des anderen, desjenigen, auf dessen Anerkennung man so großen Wert legt. Diese Form des Seinwollens ist in vielen Varianten ungemein weit verbreitet. Darin liegt zugleich das Habenwollen. Was will der Anerkennungssüchtige haben, also anderen nehmen? Deren Energie, in Form von Lob, Dank, Ehrung, Zuwendung, einem Lächeln und anderem mehr.

Gibt der Nächste nicht freiwillig, was von ihm erwartet wird, so weiß der Ichsüchtige geschickt zu taktieren, um seinen vermeintlichen Ansprüchen auf Beachtung und Achtung Geltung zu verschaffen. Zu dieser Kategorie gehören ebenfalls diejenigen, die stets meinen, es besser zu wissen, und immer recht haben müssen. Auch ein solcher Mensch geht, um sich durchzusetzen und den Triumph davonzutragen, mit Raffinesse vor. Er steht unter dem Zwang zu beweisen, daß allein seine Sichtweise der Dinge Wert und Bedeutung hat.

Fast jede Form der Rechthaberei ist gekennzeichnet durch den Aufwand vieler Worte. Damit wird der Nächste manipuliert.

Wer viel redet, will dem anderen nur seine Vorstellungen einreden, dem anderen dessen Sichtweise ausreden und seine Darlegungen vom Tisch wischen. Solches Ansinnen führt bis zum Betrug durch subtile Beeinflussung.

Von Menschen dieser Spezies – Anerkennungssüchtigen, Rechthabern, Manipulatoren, Meinungsbildnern – wimmelt es in dieser Welt, bis hinauf in die Ränge jener, die erklärtermaßen und von Amts wegen die Verantwortung für die Geschicke der Massen in ihren Händen halten.

Ein solcher Mensch hat sich also die Energie anderer zu seiner Energiequelle erwählt und ist auf diese angewiesen. Daher ist er von anderen abhängig. Letztlich fischt bzw. angelt er im trüben Gewässer der Welt des Scheins, wessen er habhaft werden kann.

Wer sich andererseits darauf einläßt, daß andere ihn aufwerten, ihn hofieren, der ist ebenfalls an die anderen gebunden und energetisch im Karmaverbund mit ihnen zusammengeschmiedet. Beide Seiten versorgen sich gegenseitig mit der Negativenergie des Allzumenschlichen – und die Finsternis partizipiert.

Eine der Spielarten dieses ichbezogenen, bindenden, engen Energiekreislaufs wird Kumpanei genannt. Mitmenschen außerhalb dieses Ego-Kreisels werden meist ausgegrenzt. Man genügt sich selbst in der Zweier- oder auch Dreierbindung.

Wer sich diesen Mechanismen zur unlauteren Energiebeschaffung nicht entzieht und nicht den Zugang zu der nie versiegenden, ewigen Kraftquelle in seinem Inneren sucht und findet, der wird ein „leeres Gehäuse" ohne Energiequelle und nur mit einem geringen eigenen, inneren Energiekreislauf sein. Auch „drüben", im Jenseits, wird diese Seele vergeblich nach Energielieferanten Ausschau halten. Es bleibt dieser „armen" Seele nur der leidvolle Weg der Abtragung.

Es gibt viele Möglichkeiten und Anlässe, wo sich der Egomane darstellen, gleichsam produzieren kann. Menschen mit solchen Programmen sind Nerventypen, die ihr Nervensystem nicht nur strapazieren, sondern beständig in einem Spannungszustand halten, der zum Abreagieren drängt. Diese krankhafte Selbstbezogenheit, die man auch Egoismus nennt, reagiert sich durch Alkohol ab oder in der Sexualität, die vielfach als „Liebe" bezeichnet wird, oder im Streit bis hin zu Gewalttätigkeiten.

Für Egotypen, die ihrer Lebensqualität diesen Zuschnitt geben, ist Gott sekundär. Sollten sie an Gott glauben, dann sehen sie Ihn entweder in weiter Ferne oder in den kirchlichen Institutionen angesiedelt. In diesem Zustand egoistischen Trunkenseins, in dem die Sinne als Mittel zum Zweck dienen und die Nerven am äußersten Vibrationspunkt gehalten werden, kann man das Höchste, das in der Seele jedes Menschen wohnt, nicht erfahren, denn Gott ist die Stille.

Im Atem ist das Leben, Gott.
Atme bewußt!

Machen wir uns bewußt: Gott ist die All-Kraft und ist uns näher als unsere Arme und Beine. Gott ist also in unserer Seele und in jeder Zelle, in jedem Blutgefäß, in allen Funktionen unseres Körpers. Immer wieder wird die Frage gestellt, wie die mächtige All-Kraft GOTT in unseren physischen Leib gelangt. Ein Mensch, der geistiges Wissen aus der ewigen Quelle besitzt, wird erwidern: „Über den Atem, denn der Atem ist Leben."

Atem ist also Leben. Über immaterielle Stationen im menschlichen Körper – es sind geistige Verteilerzentren – strömt die Lebenskraft, die auch den Atem mit Energie versorgt und dieser wiederum sämtliche Bausteine des physischen Leibes und alle Funktionen unseres Körpers mit dem nötigen Sauerstoff.

Die geistigen Verteilerzentren – auch Bewußtseinszentren genannt – möchte ich tiefer erläutern.

Wer sich mit geistigen Gegebenheiten befaßt, hört oder liest u.a. vom ewigen Sein. Was ist das?

Das ewige Sein ist das Reich Gottes, das aus den sieben Grundkräften besteht. Es sind sieben Himmelsregionen, die im Gesetz der Liebe, Freiheit und Einheit schwingen. In jeder Grundkraft, also in jeder Himmelsregion, sind alle anderen Himmelsregionen als Unterregionen enthalten. Infolgedessen ist das ganze Gesetz der Liebe in allen Menschen, in den Naturreichen, in allen verdichteten Planeten enthalten und in allem, was wir Menschen sehen und nicht sehen – in allem, was ist.

Die sieben Grundkräfte, das Gesetz der Himmel, wurden von Gott, dem Ewigen, für uns Menschen mit den Begriffen Ordnung, Wille, Weisheit, Ernst, Geduld gleich Güte, Liebe, Barmherzigkeit gleich Sanftmut bezeichnet. Sie sind das Gesetz Gottes, das unumstößliche, unwandelbare Leben.

Die sieben geistigen Grundkräfte befinden sich als Strahlung, als energetische Verteilerzentren,

145

gleich Bewußtseinszentren, in unserem Körper. Entlang unserer Wirbelsäule sind diese energetischen Lebenskraftzentren angelegt.

Ausgehend vom Wesenskern, dem Herzen der Seele, der sich in der Nähe der Hirnanhangdrüse, also in unserem Kopf, befindet, strömt das Leben, das Gesetz Gottes, durch die Seele in den Körper. Sobald die energetischen Kräfte – das Leben – die Materie, unseren Körper, durchfluten, verbinden sie sich auch mit unserem Atem. Während wir einatmen und aus der Luft jene Stoffe aufnehmen, die unser Körper benötigt, fließt schon Lebenskraft – wir nennen sie den göttlichen Odem – in unseren Atem ein. Über die im Menschen angelegten geistigen Verteilerzentren strömt die reine, göttlich-energetische kosmische Kraft in unseren physischen Leib. Unser Atem, der den Odem Gottes beinhaltet, versorgt alle Bausteine und Funktionen des physischen Leibes mit jenen Bestandteilen aus der Luft, die wir als Menschen für unseren Organismus benötigen.

Wer durch Besinnung, meditative Betrachtung und durch die schrittweise Erfüllung der Goldenen Lebensregel sensitiver geworden ist, dessen Atem geht auch ruhiger und tiefer. Mit seinen verfeinerten und geschulten Sinnen, die für innere Vorgänge aufnahmefähig geworden sind, kann ein solcher Mensch seinen Atem zu den verschiedenen Bausteinen seines

146

Körpers begleiten. Der Atem sammelt im Körper die Ballaststoffe, die der Mensch dann ausatmet. Während der Mensch wieder einatmet, strömt schon, vom Wesenskern ausgehend, wieder Lebenskraft, gleich Odkraft, in den Atem.

Der energetische göttliche Kreislauf im Menschen, der keinen Sauerstoff benötigt, entspricht dem, der sich im reinen Sein, in allen Himmelsebenen, allumfassend und fortwährend vollzieht: Alle Lebenskraft, der heilige Geist, auch fließender Äther genannt, kommt aus der Ur-Quelle, von Gott, durchflutet das All und alle reinen Lebensformen, wirkt und waltet, schafft und gestaltet, läßt wachsen und sich entfalten – und fließt wieder zurück zur Quelle des Lebens, zu Gott.

Der Wesenskern in der Seele ist das Herz der Seele. Unermüdlich strömt aus ihm die energetische Lebenskraft, die Gottes Gesetz der Liebe ist, uns Menschen zu. In unserem Atem ist also ebenso das Leben, Gott; außerdem transportiert unser Atem lebensnotwendige materielle Substanzen – z.B. den Sauerstoff – in das Körperinnere. Der Zustrom der Lebenskraft im Menschen erfolgt so lange, bis des Menschen Hiersein, also sein Dasein auf Erden, abgeschlossen ist.

Beim Hinscheiden des physischen Leibes, dann, wenn das letzte Ausatmen erfolgt, nimmt der Wesenskern in der Seele die Lebenskraft zurück. Dadurch erfolgt die Trennung zwischen Seele und Mensch. Das letzte Ausatmen deutet darauf hin, daß der Wesenskern die energetischen Verteilerzentren, gleich Bewußtseinszentren, aus dem physischen Leib, aus allen Bausteinen des Körpers, herausgezogen hat, aus dem materiellen Gefährt, das unter Umständen viele Jahre die Seele ummantelte und dem Gott auch über die Atmung gedient hat. Im selben Augenblick, in dem der Mensch nicht mehr atmet, atmet seine Seele in einem anderen Rhythmus weiter. Der Mensch ist gestorben – wir sagen: Er ist tot.

Wer durch geistiges Lernen und Üben Besonnenheit erlangte, ruhiger und ausgewogener wurde, und wer seine Tagesereignisse in das Licht der Gebote Gottes und der Lehren des Jesus, des Christus, stellte, beginnt, kosmisch zu denken und sich auch entsprechend zu verhalten. Sein Bewußtsein erweitert sich, wodurch er auch feinere, höhere Schwingungen wahrnimmt. Ganz allmählich spürt dieser Mensch die inneren Vorgänge, das Fließen der Lebenskraft. Aus diesem konkreten Fühlen der göttlichen Energie gewinnt er die Sicherheit und Gewißheit, daß Gott existiert. Für ihn ist das der Beweis.

Ist der Mensch durch Üben und Lernen sensitiver geworden, dann wird er mit der Zeit – gerade am Fluß seines Atems – merken, wo in seinem Körper noch Blockaden, Energiestaus, sind, Bereiche, die gering mit Lebensenergie versorgt werden. Das bedeutet, daß die Seele entsprechende Verschattungen aufweist. Im Laufe der Zeit können sich diese als Unpäßlichkeit bemerkbar machen oder gar als Krankheit den Körper heimsuchen. Solche Schwachstellen im Körper ziehen auch – mehr oder weniger, je nachdem, welche Ursachen zugrunde liegen – Krankheitskeime an: schädliche Bakterien, Viren u.a.m. Durch die Selbstbeobachtung und das Ergründen der Ursachen für das partielle Energiedefizit haben wir die Möglichkeit, einiges in uns zu ändern, so daß wir dann die Wirkungen nicht mehr in dem Maße fühlen müssen.

Wir sollten uns angewöhnen, dem Atem mehr Achtung und Beachtung zu schenken, und öfter daran denken, ruhig, tief und bewußt zu atmen.

Die Sehnsucht, die Suche nach
Glück, Liebe, Geborgenheit und Heimat
hat einen tiefen Grund.
Du wirst in dieser Welt nie „ankommen" –
weil du nicht von dieser Welt bist!

Liebe Freunde, daß ich – wie auch im Folgenden – auf manche Gegebenheiten immer wieder noch einmal eingehe, hat seinen guten Grund. Wer den wahren Sinn und Inhalt des Lebens, sein wahres Leben, gefunden hat, der wünscht von Herzen für jeden seiner Mitmenschen, daß diesem die vielen Irrwege und Sackgassen erspart bleiben, die nur Leid, Enttäuschung, Verdruß und Überdruß bringen und womöglich die späte Einsicht, einen Großteil seiner Erdentage vergebens gehofft und sich unnütz gemüht zu haben.

Es ist dem jungen wie dem älteren Mitmenschen nur zu wünschen, daß er Irrwege, Täuschungen und Illusionen als solche erkennen kann und daraufhin mit der Hilfe des Ewigen, des Gesetzes, Gott, die Weichen in seinem Dasein so zu stellen vermag, daß er in das wahre Leben findet, das Geborgenheit, Sicherheit, Gelassenheit, Unabhängigkeit und Souveränität, Tatkraft, Freudigkeit und Glück bedeutet.

Die Wiederholungen wesentlicher Gesichtspunkte haben auch noch diesen guten Sinn: So mancher Leser folgt dem Geschriebenen sehr aufmerksam und bewußt. Er versucht sogleich, die Aussagen in sein Denken und Leben aufzunehmen, sie also umzusetzen. Dadurch kommt er zwar im Text nicht so rasch voran, aber er lernt dazu. Das hat u.a. zur Folge, daß sein Bewußtsein sich verändert, unter Umständen erweitert. Wird ihm dann erneut das vor Augen geführt, wovon er zuvor schon gelesen hat, so können diese Aussagen in ihm jetzt anderes anstoßen und ganz andere, weiterführende Erkenntnisse auslösen als das vorige Mal. Warum? Seine Bewußtseinslage ist nicht mehr dieselbe; eventuell vermag er nun z.B. tiefer zu schauen. So sind die Wiederholungen des schon einmal Gegebenen oftmals eine Hilfe zum tieferen Erfassen.

Also vergegenwärtigen wir uns noch einmal kurz das, was seit jeher in dieser Welt Gang und Gäbe ist:

Viele Menschen suchen beim Partner und in der Familie die Geborgenheit. Viele glauben und hoffen, im Bund der Ehe, in der Familie, „angekommen" zu sein, gleichsam den sicheren Hafen erreicht zu haben, in dem Erfüllung, Heimat und Geborgenheit zu finden sind.

Viele Mütter und Väter bauen auf ihre Kinder, die sie rechtschaffen führen und lenken. Doch das Glück und die Sicherheit, die sich auf Menschen oder Äußeres stützen, sind nicht von Dauer und Bestand. Plötzlich, ganz unerwartet, erkennt der Mensch: Der Partner ist doch nicht das, was man sich erhofft hat. Das Glück, das er auf die Familie baute, beginnt zu wanken; die Angst vor dem Alleinsein erfaßt sein Gemüt. Die Kinder, die der letzte Anker waren, wurden erwachsen; sie gehen allmählich ihrer Wege, gründen ihre eigenen Familien – in der gleichen Hoffnung: „angekommen" zu sein, den sicheren Hafen erreicht zu haben.

Die meisten Menschen suchen im anderen das, was sie selbst nicht haben. Sie projizieren alle ihre Wünsche auf ein paar Aspekte, die der andere zu besitzen scheint, und glauben, sie wären nun bei ihm, der ihre Wunschvorstellungen verkörpert, „angekommen". In Wirklichkeit zieht der Mensch nur das an, was er selbst ist – nicht das, was er haben möchte. Denn Gleiches zieht immer zu Gleichem.

Muß der Mensch nach einiger Zeit erkennen, daß er mit seinem Wollen und Wünschen beim anderen doch nicht angekommen ist, dann wird er seiner überdrüssig. In Wirklichkeit ist der Mensch seiner selbst überdrüssig geworden, weil er im anderen nicht erreicht hat, was er in ihn hineinprojizierte. So manche Ehe arrangiert sich – ausschlaggebend sind dann schließlich das Geld und das Ansehen. Der Höhenflug der sehnsuchtsgespeisten Erwartungen ist beendet – man begnügt sich mit dem kleinsten gemeinsamen Nenner.

Ist es Schicksal oder eine Notwendigkeit, daß wir – spätestens im Alter – allein sind? Entweder hat sich der Partner – noch in der Phase der Hoffnung, nun endlich doch angekommen zu sein – anderweitig orientiert, oder man hat sich nicht mehr viel zu sagen, oder er ist schon hingeschieden. Wie es auch sei: Man ist allein. Das kurze, scheinbare Glück ist schon längst dahingeschmolzen und vom Angekom-

152

men-Sein ist nicht mehr die Rede. Ab und zu besuchen den nun alten Menschen die Kinder, aber auch ihre Zeit ist bemessen. Anstatt angekommen zu sein, ist man nun der Angst und der Sorge ausgesetzt, wie es wohl weitergeht. Hin und wieder träumt man von der Vergangenheit, doch auch diese Träume regen nur zur Bitterkeit an; man hat sich bezüglich dieses Lebens etwas ganz anderes vorgestellt. Die Erwartungen erfüllten sich nicht. Statt Erfülltsein stellte sich eine große Leere ein. Man kam nicht an. Spätestens im Alter erkennt man, daß das Daheimsein, Angekommen-zu-sein, Illusion war – eine Selbsttäuschung, oftmals mit bitterem Nachgeschmack.

Vor kurzem zitierte ein Bekannter aus dem Text eines alten Liedes: „Das Schicksal setzt den Hobel an und hobelt alle gleich." Mit dieser Aussage bin ich nicht ganz einverstanden. Schicksale sind Fingerzeige, die etwas zu sagen haben. Sie deuten immer auf eine wunde Stelle im persönlichen Denken und Verhalten hin. Schicksale wollen uns zur Umkehr und zur Einkehr mahnen.

Alt zu werden und eventuell „allein" zu sein, ist kein Schicksal. Ist das Älter- oder Altsein, eventuell gar Alleinsein, nicht ein Hinweis darauf, daß wir nur Gast auf Erden sind und daß unser Erdendasein eine Chance ist, uns rechtzeitig auf das Leben einzustimmen, das in unserer Seele ist, das durch unsere

153

Seele strömt und den physischen Körper erhält, bis ihn das Leben von sich atmet?

Kein Mensch wird auf Dauer sagen können: „Ich bin angekommen." In dieser Welt werden wir nie ankommen. Warum nicht? Weil wir nicht von dieser Welt sind! Jesus, der Christus, wies uns sinngemäß darauf hin: *Mein Reich ist nicht von dieser Welt. Wenn es von dieser Welt wäre, würden meine Leute kämpfen, damit ich nicht ausgeliefert würde.* Oder: *Das Reich Gottes ist inwendig in euch.* Und: *Trachtet zuerst nach dem Reich Gottes und nach seiner Gerechtigkeit, so wird euch das alles zufallen.*

Wer sich rechtzeitig in seinem Erdendasein diese Worte aus dem Geiste bewußt macht und danach sein Erdenleben ausrichtet, wird nie allein sein, auch nicht im Alter, wenn z.B. der Partner und die Kinder nicht mehr zugegen sind, wenn sich die Familie aufgelöst hat. Wer rechtzeitig lernt, im Reich Gottes, das in uns ist, im Geist unseres ewigen Vaters, anzukommen, dessen Erdenleben hatte einen Sinn. Dann ist das Alter getragen von Liebe, Weisheit und Geborgensein.

All das hat mit Frömmeln oder gar entbehrungsreichem Leben nichts zu tun. Ganz im Gegenteil: Es ist aktives, bewußtes, tätiges Leben, denn jeder Tag sollte für jeden Menschen ein Schultag sein, um zu lernen.

Lerne, indem du nichts, was dir begegnet und dich bewegt, einfach so hinnimmst, wie es die meisten Menschen halten. Denke über das nach, was dich bewegt. Versenke dich in die Lebenskraft, die in dir strömt, oder lenke die Bitte um Hilfe und Lösung zum vierten energetischen Zentrum, das in der Nähe deines physischen Herzens pulsiert. Die stark pulsierende Leuchtkraft im vierten Bewußtseinszentrum ist die Christus-Gottes-Kraft, das helfende und heilende energetische Licht.

Lerne und übe, zu dir zu finden, in dem Wissen: In dir ist das ewige Leben. Du bist nicht allein.

Wer sein Erdenleben in die Hand nimmt und sich bewußt macht, das Reich Gottes ist inwendig in ihm, der wird die Ereignisse seines Tages mit großer Aufmerksamkeit analysieren und Gottes Hilfe erbitten. Denn Gott möchte für Seele und Mensch immer das Beste. Was aus dem Herzen der Seele strömt, ist Wahrheit, Freiheit, ist wahres Glück. Wer in diesem Bewußtsein den Weg nach Innen geht, der siedelt sich mehr und mehr im Reich Gottes an.

Machen wir uns immer wieder bewußt: Das Reich Gottes, das ewige Sein, ist unsere ewige Heimat, der wir, auch schon im Erdenkleid, als Mensch, näherkommen können, um endlich anzukommen, gleich heimzukommen. Es ist das Innere Reich, das Reich der Stille und des Friedens, das Reich Inneren Lebens. Erwacht durch unser geistiges Streben unsere Seele,

155

wird somit unser geistiges Erbe mehr und mehr aktiv, erhebt sich also in unserem Innersten unser ewiges, unvergängliches Wesen, so verstärkt sich durch das vermehrte Pulsieren unseres inneren Herzens die Sehnsucht, die Unruhe des Menschenherzens, die der Mensch so oft mißdeutet, was ihn fehllenkt nach außen, in die Welt der Sinne.

Viele spüren die Sehnsucht, diese schleichende Unzufriedenheit. Den einen läßt sie von einem zum nächsten Partner flattern, der andere wird aggressiv, der dritte depressiv.

Noch einmal möchte ich dir, lieber Leser, mit anderen Worten verdeutlichen, was es also mit der immer wiederkehrenden Unzufriedenheit auf sich hat. Das unstillbare Verlangen, die unerklärliche Sehnsucht, ist nichts anderes als ein Ahnen, daß es den Ort der Geborgenheit, des Friedens und des Glücks geben muß. Daher ist der Mensch rastlos, unruhig und sucht und sucht.

Es ist die Suche, das Streben nach etwas, das wir deshalb nicht ergründen können, weil wir dem Gesuchten Namen geben wie „Mann", „Frau", „Reichtum", „Geld", „Gesundheit", „Güter", „Luxus" und vieles mehr. In Wirklichkeit hat die Suche einen viel tieferen Grund: Wir suchen den Urgrund unseres Herzens, unsere ewige Heimat. Anders gesagt: Wir suchen nach der anderen Hälfte unserer Seele.

156

Die Seele, deren Wesenskern – auch Herz der Seele genannt – im Rhythmus der Unendlichkeit schlägt, gehört in alle Ewigkeit in die große geistige Familie, wo ihre zweite Hälfte, die ewig liebende Verbindung in Gott, die Dualverbindung, ist, wo die ewige Liebe, das Glück, die Geborgenheit und die Heimat sind, die ewig Bestand haben, wo absolute Sicherheit und Freiheit sind – das Leben.

Wer auf Erden einen kleinen Schimmer der wahren Freude, des wahren Glücks erspüren möchte, dem sei gesagt: Das wahre Glück ist zum einen die Erfahrung der Gottnähe – u.a. in dem vorliegenden Buch sind viele Hinweise gegeben, wie diese zu erlangen ist. Und da dieses Erfülltsein gern in die Tat einmünden möchte, besteht zum anderen und vor allem das wahre Glück in der Freude, für Gott, für Christus – ohne Anerkennung und ohne Rang und Titel – tätig sein zu dürfen. Das ist dann gegeben, wenn Gott durch den Menschen zu wirken vermag – zum Wohle aller Mitmenschen und in der Erfüllung dessen, was Sein Wille ist.

Du kannst nur glücklich und frei werden, wenn du so lebst, daß es allen gutgeht.

Deshalb könnte das hohe Ziel unseres Lebens unter anderem in die Worte gefaßt werden: Ich bin dann glücklich, wenn es meinem Nächsten besser geht als mir selbst.

Realisiert sich diese Aussage in uns, dann werden wir auch unser Bestmöglichstes tun, daß es allen Lebewesen gut geht. Wir werden auch der malträtierten Mutter Erde gedenken.

So lange werden Mensch und Seele unruhig sein, bis die Seele in den großen Ozean des Lebens eingetaucht ist, in Gott, die große Liebe und Einheit. Bis Mensch und Seele Gott, den ewigen Vater aller Seelen und Menschen, wahrhaft lieben, sind Mensch und Seele auf der Suche. Erst wenn der Mensch in Gott heimgefunden hat, der die Einheit in allen Menschen, Lebewesen und Lebensformen ist, wenn er also angekommen ist, hört die Suche auf. Dann hat sich die freie, weitgehend unbelastete Seele ihrer göttlichen Familie und dem Allbewußtsein zugewendet und ihre zweite Hälfte gefunden.

Wer sich vom Geist der Wahrheit führen läßt, hat immer weniger zu verbergen. Was der Mensch als seine „Geheimnisse" bewahrt, legt sich wie ein Schleier über Gottes Existenz. Diese Schleier lüften sich dann, wenn der Wanderer zum Reich Gottes wahrhaftiger wird. Die Ruhe, die ein Mensch ausstrahlt, seine klare Sprache, ohne Wenn und Aber, ohne Schnörksel und Floskeln, sind Zeichen, daß das innere Herz mitspricht.

*Wahre Liebe ist keine Menschenliebe,
sondern Geborgenheit, Freiheit, Einheit
mit dem All-Leben. Lerne zu lieben!*

Ein Ruf an das Herz des Lesers:

Komme in dir an! Je früher du damit beginnst,
um so freier wirst du. Dann wirst du schon in jungen
Jahren auf den Pulsschlag deines inneren Herzens
hören und im Alter, frei und unabhängig, deinen
Lebensabend glücklich gestalten. Frei sein bedeutet
unter anderem, keine Macht auf andere auszuüben,
ihnen die Freiheit zu belassen, die auch du schätzt.
Wer in diesem Geiste denkt und handelt, bewahrt
sich seine eigene Freiheit.

Und wie steht es mit der wahren Liebe? Wie können wir die lieben, die gegen uns sind, die uns hassen
und uns Übles tun? Jesus sagte in der Bergpredigt:
*Wenn ihr nur die liebt, die euch lieben, welchen Dank
erwartet ihr dafür? Auch die Sünder lieben die, von denen
sie geliebt werden.* Und: *Euch, die ihr mir zuhört, sage
ich: Liebt eure Feinde; tut denen Gutes, die euch hassen.*

Es ist nicht immer leicht, die zu lieben, die uns
hassen. Zahlen wir jedoch mit gleicher Münze zurück,
was haben wir davon? Eventuell für kurze Zeit eine
Genugtuung, wie es so oft heißt: „Dem habe ich es
aber zurückgezahlt!" Durch das Zurückzahlen mit
gleicher Münze verstärken wir aber nur unser Ag-
gressionspotential, das uns dann steuert und uns

immer tiefer in die Egomanie und Rechthaberei treibt.

Wahre Liebe heißt, das Gute im Menschen zu verstärken, was nicht sagen will, daß wir ohne Hinweise und Aufklärung beide Wangen hinhalten sollen. Auch Jesus sprach zu dem Knecht, der Ihn beim Verhör durch den Hohepriester schlug: *Wenn es nicht recht war, was ich gesagt habe, dann weise es nach; wenn es aber recht war, warum schlägst du mich?* Jesus hat nicht zurückgeschlagen, sondern Aufklärung verlangt.

Lieben heißt also nicht, das Allzumenschliche, die Sünde, des anderen, zu lieben und zu bejahen, sondern das Gute im Menschen, das Gott ist. Um uns diese hohe Gesetzeslehre des Jesus, des Christus, anzueignen, sie zum Maßstab für unser Leben zu machen, bedarf es des Übens und des Lernens.

Jesus gab uns das Vorbild dafür, was wahre Liebe bedeutet: Nicht den Menschen von uns zu stoßen, sondern das Gute in ihm zu bejahen und uns die Frage zu erlauben: „Warum sprichst und handelst du gegen mich? Was habe ich dir getan?"

Für Menschen im Geiste des Jesus, des Christus, ist der Glaube ohne Tat die Verschleierung der Wahrheit. Sie wissen, weil sie es täglich selbst erleben: Gottes Liebe und Weisheit sind erspürbar und erfahrbar. An die Stelle des inaktiven, des nebulösen Glaubens treten Vertrauen und tätiges Leben im

160

Geiste Gottes. Das ist wahrer Reichtum. Es ist das Licht der Seele, der innere Reichtum, der glücklich, freudig und friedvoll macht. Daraus entwickelt sich das sensitive Fühlen, was Einheit in allen und in allem bedeutet, das konkrete Erfahren was Leben ist.

Aus dieser tiefen Erkenntnis beginnt der Mensch, wahrhaft zu lieben. Er hat gelernt: Wahre Liebe macht frei, wahre Liebe kennt keine Einsamkeit, wahre Liebe ist immer gegenwärtig – es ist Gott.

Es gibt nur eine Liebe, eine Weisheit und eine Wahrheit. Deshalb, lieber Leser, werde jeden Tag wahrhaftiger! Dann machst du Tag für Tag einen Schritt mehr auf Gott zu. Mit der Zeit wird dich die Wahrheit prägen, und die wahre Liebe in dir wird wachsen. Nach jedem Schritt, den du auf Gott zu getan hast, wirst du erkennen, daß du in alles, was dir begegnet und dich bewegt, immer tiefere Einblicke erlangst. Die Weisheit, die nicht von dieser Welt ist, weist dir in vielen Situationen des Tages den Weg. Du bist nicht allein.

Eine Hilfe, um lieben zu lernen:

Beginne im Kleinen, in der Familie, in einer kleinen Gemeinschaft. Lerne, den anderen zu verstehen. Höre ihm zu, ohne gleich deine Kommentare einzuwerfen. Bald wirst du merken, daß er gar nicht so ist, wie du unter Umständen über ihn gedacht hast, sondern eventuell mit Ähnlichem zu kämpfen und zu ringen hat wie du. Braucht er Hilfe, weil er mit einigen Dingen nicht zurechtkommt, dann hilf ihm, ohne Anerkennung und Dank zu erwarten. Das sind kleine, aber oftmals bedeutende Schrittchen hin zur Gottes- und Nächstenliebe.

Hast du einiges gelernt, fühlst du die selbstlose Liebe in dir wachsen, dann kannst du den Kreis größer ziehen. Nimm Verwandte und Bekannte mit in dein Bewußtsein auf. Beginne zuerst mit dem Gebet; schließe Verwandte und Bekannte ein. Bitte Gott um Führung.

Später wirst du dann das Bedürfnis erlangen, alle Menschen und Wesen, die Natur und die Tiere mit einzubeziehen. Wenn du in dir selbst fühlst, daß du Menschen, Tiere und Pflanzen zu lieben beginnst, wenn du ihnen kein Leid mehr zufügst, dann hast du weitere Schrittchen getan. Sie heißen: näher, mein Gott, zu Dir.

Die großen Weisheiten des großen Weisheitslehrers Jesus, des Christus, der unser Erlöser ist, können wir nur annehmen und uns darin üben, wenn wir glauben, daß Gott existiert und daß Gott Liebe ist. Erst dann beginnen wir, Gott zu vertrauen und schrittweise Ihn zu lieben.

Jesus lehrte uns also die hohe Weisheit des Alls – doch nicht ohne Grund. Denn ohne die All-Liebe, die Gott, unser ewiger Vater ist, dessen Kraft, Weisheit und Größe, Sein Gesetz der Liebe, das All durchströmt, es erhält und bewegt, werden auch wir nicht in das ewige Reich Gottes zurückkehren. Somit ist uns geboten, in uns unsere wahre Heimat zu erschließen und das Gesetz der Liebe und des Lebens schrittweise zu erlernen und zu erfüllen.

Wer Gott wahrhaft liebt, ist nicht allein. Wahre Liebe ist keine Menschenliebe. Wahre Liebe ist Geborgenheit, Freiheit und Einheit mit dem Leben, das das All-Leben ist. Menschen, die sich von dem großen Weisheitslehrer, dem Erlöser aller Seelen und Menschen, Jesus, dem Christus, berühren lassen, werden sich nicht mehr von der Sexualliebe steuern lassen. Sie prüfen sich, bevor sie eine Ehe und Partnerschaft eingehen. Denn wenn die Sexualliebe erlischt, dann entwickeln sich für gewöhnlich die Vorwürfe und die gegenseitigen Bindungen.

Tauche ein in den Ozean der All-Liebe und Weisheit, der Gott ist!
Er möchte für dich alles-in-allem sein

Menschen, die dem hohen Ziel, der ewigen Heimat in Gott, nähergerückt sind, die ihrer Seele die Möglichkeit gegeben haben, himmelwärts zu blicken, werden nicht mehr freien und sich auch nicht mehr freien lassen. Die Seele ist mit Gott glücklich vereint, und der Mensch ist ruhig und besonnen geworden.

Menschen im Geiste der wahren Liebe und Freiheit sind untereinander Freunde, Brüder und Schwestern, die – jeder an seinem Platz – ihr Tagwerk erfüllen, das, was der Tag an Aufgaben bringt. Sie haben zu schauen und zu hören gelernt; ihre Sinne sind feiner und aufnahmefähiger für die All-Weisheit, die allgegenwärtig wirkt.

Menschen im Geiste der Liebe und Freiheit binden sich nicht an Menschen. Sie üben weder Macht aus, noch arbeiten sie mit dem Visier der Intrigen. Weil sie frei sind, lassen sie auch anderen die Freiheit.

Menschen im Geiste der wahren Freiheit werden nicht urteilen, denn ein Urteil gleicht einem Richterspruch. Sie wissen, mit jedem Urteil binden sie sich an das Urteil.

Wer urteilt, bindet. Wer urteilt, trennt. Wer urteilt, will herrschen. Das entspricht dem Gegenspieler Gottes, seinem „Trenne, binde und herrsche".

Kein Mensch, der sich Gott zugewandt hat, ist ein Eremit. Er verbirgt sich auch nicht in Klöstern, um die Unkeuschheit mit einer geflochtenen Schnur, die als Gürtel dient, zurückzuhalten. Sie muß im Kopf, im Gehirn, umgewandelt werden. Alles andere ist nur Schein.

Menschen im Geiste der Gottes- und Nächstenliebe, also Menschen der Freiheit, stehen mitten im Leben. Sie verrichten täglich ihre Arbeit. Sie haben gelernt, in Situationen, Probleme, Gespräche, was auch der Tag bringt, hineinzuhören, um Antwort und Lösung zu finden.

Menschen, die in den Ozean der All-Liebe und Weisheit eingetaucht sind, führen produktive Gespräche. Ihre Worte sind ohne Hintergedanken, also ohne unlautere Unterkommunikationen. Sie haben nichts zu verbergen, weil sie nicht verborgen denken. In diesem Sinne sind sie ihr Wort, also wahrhaftig, geworden.

Wer in der Schule des Geistes lernt, ist auch am Leben anderer Menschen beteiligt. Er hat u.a. gelernt, sich nicht täuschen und ausnützen zu lassen. Und er, der von Gott Erfüllte, ist schließlich zu Seinem Wort geworden. Die Verwirklichung und Erfüllung der Gebote Gottes, Seines Gesetzes, in allen Lebensbereichen bewirkt, daß das Licht der Himmel diesen Menschen ganz zu durchdringen vermag. Er hat einen Schatz an wahrer Lebens-Erfahrung gewonnen, aus dem er an andere weitergeben kann.

„Zum Wort geworden" heißt daher ebenfalls, daß Mitmenschen durch solche Menschen Trost finden und, ohne daß sie missioniert werden, sich ermutigt und beflügelt fühlen, über Gott nachzudenken oder den Weg zur Freiheit zu gehen.

Worte der Wahrheit sind in Gott und von Gott. Von den Worten der Wahrheit gehen Zuversicht, Sicherheit, Vertrauen, Liebe und Freiheit aus.

Wer im Lernen und Üben zu seinem wahren
Wesen gefunden hat, ist nicht einsam, weil er in sich
angekommen ist und die innere Nähe schätzt, die
des Menschen Freude ist.

Gott ist alles in allem. Er möchte auch für dich
alles-in-allem sein. Er wartet. Wo? In dir!

Viele Menschen bauen ihr Glück auf dem Un-
glück anderer auf. Ein solches Glück kann nicht von
Dauer sein. Deshalb, o Mensch, halte inne! Baue
nicht dein Wohl auf dem Wehe anderer auf. Wahres
Glück kommt vom Herzen der Seele. Wenn dir das
Glück anderer wichtiger ist als dein eigenes, dann
bist du auf dem Weg zum Herzen deines Nächsten –
und auf dem Weg zu Gott, der deinen Nächsten
ebenso liebt wie dich.

Bete im Bewußtsein der großen All-Einheit, die
Liebe ist. Laß deinen Tag zum Gebet werden. Erfülle
deine Aufgaben mit Gottes Hilfe.

Am Abend denke unter anderem über deinen
Atem nach. Atem ist Leben. Du hast das Leben in
dir. Die Lebensformen der Natur sind ein Geschenk
des Schöpfers an alle Menschen. Gott atmet auch
durch die Tiere. Sein Atem ist die Lebenskraft. Sie
ist in der ganzen Natur zu spüren.

Erlebe dich in allem, und du bist Gott näher als
du denkst. Wenn du möchtest, denke in den Abend-

stunden auch über deinen Herzschlag nach. Jeder Herzschlag ist der Ruf Gottes an dich, so zu beten, so zu leben, daß dir die Einheit des Lebens bewußt wird.

Wahres Beten ist wahre Liebe. Es steht geschrieben: *Du sollst den Herrn, deinen Gott, lieben mit ganzem Herzen und ganzer Seele, mit all deiner Kraft und all deinen Gedanken*, und: *Deinen Nächsten sollst du lieben wie dich selbst.*

Fragen wir uns: Wie stehen wir zu unseren Mitmenschen, die unsere Nächsten sind? So, wie wir uns gegenüber unseren Mitmenschen verhalten, so sind auch die Inhalte unserer Gebete.

Wahre Liebe ist die befreiende Kraft, die den Nächsten nicht bindet, die ihm die Freiheit läßt. Liebe ist Herzensbildung, die dem Gewissen Raum gibt, zu wägen und zu messen, um sich auf die Liebe einzustimmen. Liebe verzeiht und findet immer wieder den Weg zum Vertrauen.

Liebe kann warten, um dann zu geben, wenn hierfür die Zeit gekommen ist. Liebe läßt dem Nächsten die Freiheit, ohne ihn zu verlassen. Liebe trägt den Nächsten im Herzen, einerlei, wie dieser sich dem Liebenden gegenüber verhält. Liebe ist die Anmut des Herzens, die sich im und am Nächsten offenbart. Gottesliebe heißt, immer nach Seinem Willen zu forschen, um ihn zu tun.

Liebe verbirgt sich nicht – sie offenbart sich durch den Menschen. Liebe ist das Werk des Guten. Gott ist gut. Liebe erreicht aufgeschlossene Herzen durch Güte.

Liebe deine Feinde, dann ist in deinem Herzen jeder dein Freund und Bruder. Liebe will den Nächsten nicht besiegen. Jeder Sieg über den Nächsten ist im Grunde immer eine Niederlage.

Die Liebe Gottes strömt jeder Seele und jedem Menschen nur soviel inneres Glück zu, wie dieser wahrhaft liebt. Wer seinen eigenen Tod nicht fürchtet, liebt Gott über alles. Das ist wahres Beten. Beten heißt gottbewußtes Leben im Alltag.

Gott, die große, ewige Liebe, wohnt in dir.
Er wartet in dir auf dich

Sei still, und wisse: Gott, die ewige Liebe, wohnt in dir!

Verinnerliche jeden Tag das Wissen: Gott wohnt in dir. Verherrliche Gott durch die Werke der selbstlosen Liebe. „Gott in uns" heißt auch Gott in unseren Mitmenschen, in allen Tieren, Pflanzen und Mineralien, Gott im All, in der Unendlichkeit.

Lerne und übe täglich, um die Bewußtwerdung zu erlangen: Gott ist in dir. Halte öfter am Tag inne, und denke: Gott in mir.

Wer sich das zur Aufgabe macht, gewinnt Achtung vor allen Wesen und Lebensformen, und seine Gebete sprechen sich wie von selbst. Sie strömen aus dem Herzen des Geliebten, der Gott für den ist, der die Augen zu schließen vermag, um sich nach innen zu wenden, denn jeder Mensch ist der Tempel Gottes, in dem Gott, die Liebe, auf das geliebte Kind wartet.

Lassen wir es zu, daß Gott, der ewige Vater, mit uns, Seinem Kind, Seinem Sohn, Seiner Tochter, in Liebe zu verschmelzen vermag, dann ist Gott, der Ewige, auch bewußt im Herzen Seines Sohnes, Seiner Tochter der Geliebte.

Jesus, der Christus, sagte sinngemäß: Wer Mich liebt, wird Mein Wort halten. – Seine Worte sind das Gesetz der Liebe und der Weg, eins zu werden mit dem Gesetz, Gott.

Jeder Mensch ist ein Tropfen im All-Ozean, Gott. Erst wenn der Tropfen in den All-Ozean zurückkehrt, ist er vereint mit Gott. Die Vereinigung mit Gott, dem All-Ozean, nennt man auch unio mystica. Es ist die Gemeinsamkeit mit dem Geliebten, mit Gott, der All-Liebe, ohne Ekstase und Eremitendasein. Im Menschen, der Gott zu seinem Geliebten gemacht hat, ist unendlicher Friede; das Herz hat heimgefunden.

169

In diesem Buch sind viele Worte der Liebe Gottes gegeben. So manches Wort fiel in das Herz dessen, der sie aufmerksam gelesen hat. Manch einer denkt: „Alles recht und schön, doch das Lernen und Üben kostet mich zu viel Zeit." Ein anderer hingegen meint: „Der Versuch, Gott näherzukommen, lohnt sich." Wahrlich, er lohnt sich! Und er kostet nicht viel Zeit.

Der erste Ansatz wäre – wie schon gesagt –, einmal über Gott nachzudenken. Ruhige Abendstunden könnten hierfür eine große Hilfe sein. Das ernsthafte Nachdenken über Gott regt an, tiefer zu forschen und eventuell einige Übungen zu machen, denn allein schon das Nachdenken über Gott bringt Bewegung in unser Gemüt. Das ist die erste Regung, die aus der Liebe Gottes zu Seinem Kind, zu Seinem Sohn, Seiner Tochter, strömt, denn Gott wartet in uns auf uns.

*

Jedem Menschen wünsche ich von Herzen, daß er in seinem Inneren ankommt und die All-Einheit und All-Liebe erfährt. Erst dann wird Friede in den Herzen der Menschen einziehen, weil sie wahrhaft angekommen sind. Menschen in Gott und Christus, dem Erlöser aller Seelen und Menschen, sind mit dem Leben verschmolzen, zu dem Tiere, Pflanzen, ja die ganze Mutter Erde gehören und die Unendlichkeit mit ihren Wesen, Sonnen und Planeten.

Mögen immer mehr Menschen bei Gott in dem All-Ozean ankommen! Dann wird Friede sein.
Lieber Leser, Gott mit dir!

Friede

*Das Saamlinische Werk der Nächstenliebe
an Natur und Tieren
Dein Reich kommt - Dein Wille geschieht
Bete und arbeite*
Das Gnadenland
Heimat für Weide- und Wildtiere

Im *Saamlinischen Werk der Nächstenliebe an Natur und Tieren* geht es u.a. darum, für die Tiere einen Lebensraum zu schaffen, in dem sie ein Leben führen können, das freier Gottesgeschöpfe würdig ist, in dem sie sich, ihrer Art gemäß, frei und in Frieden bewegen können, ohne Angst, verfolgt und gequält zu werden. Gerne schildern wir Ihnen, was im einzelnen für die Natur und die Tiere aus Wald und Flur aufgebaut wird, wie Schafe und Rinder vor dem Schlachter gerettet werden konnten, wie Sie mithelfen können und vieles mehr – einfach die kostenlose Broschüre anfordern:

*Gabriele-Stiftung
Max-Braun-Str. 2 , 97828 Marktheidenfeld
Tel. 09391/504-427, Fax 09391/504-430
Internet:*
www.gabriele-stiftung.de

Das ist Mein Wort

A und Ω

Das Evangelium Jesu
Die Christus-Offenbarung,
welche inzwischen die wahren Christen
in aller Welt kennen

Ein Buch, das Sie um Jesus, den Christus, wissen läßt. Die Wahrheit über Sein Wirken und Leben als Jesus von Nazareth.

Der Christus Gottes offenbart sich durch Gabriele, Sein Instrument, zu vielen Themen, wie z.B.:

Kindheit und Jugend Jesu • Die Verfälschung der Lehre des Jesus von Nazareth in den vergangenen 2000 Jahren • Pharisäer gestern und heute • Jesus liebte die Tiere und setzte sich immer für sie ein. Christus klagt das Quälen und Töten der Tiere an • Sinn und Zweck des Erdenlebens • Voraussetzungen für die Heilung des Leibes • Jesus lehrt über die Ehe • Gott zürnt und straft nicht. Das Gesetz von Ursache und Wirkung • Die „ewige Verdammnis" ist eine Verhöhnung Gottes • Das Leben nach dem Hinscheiden des Körpers • Gleichstellung von Mann und Frau • Die kommende Zeit ...

1104 S., geb., Euro 13,00, Best.-Nr. S 007
ISBN 3-89201-153-2
Verlag DAS WORT, Marktheidenfeld

Der Prophet

Die Stimme des Herzens, die ewige Wahrheit,
das ewige Gesetz Gottes,
gegeben von der Prophetin Gottes für unsere Zeit
Das Fundamentale in unserer Zeit zum
Nachdenken und zur Selbsterkenntnis

Nr. 1   *Fragen an die Prophetin Gottes*

Nr. 2   *Fragen über Prophetie*

Nr. 3   *Die Stellung der Frau in der Gemeinde*

Nr. 4   *Der Aufbau des göttlichen Werkes und die Tat - die*
         Betriebswirtschaft nach der Bergpredigt -, vom Geiste des
         Christus Gottes empfangen

Nr. 5   *Verfolgung wegen Nachfolge Jesu. Das Glaubens- und*
         Lebensbekenntnis der Urchristen im Universellen Leben

Nr. 6   *Die Pirouetten des Lebens. Das Schicksal. Mein Schick-*
         dein Schicksal, unser Schicksal, wessen Lebensplan?
         Der gerechte und der ungerechte Gott

Nr. 7   *Das Leben der »Christen« im Jahreslauf*

Nr. 8   *Der sklavische Glaube und seine »Geheimnisse«*

Nr. 9   *Der Einheimische und der Prophet*

Nr. 10   *Der Jugendliche und der Prophet*

Nr. 11   *Wurde das Kirchenvolk kirchlich indoktriniert und gleich-*
         geschaltet? Was ist Innere Religion - was ist äußere Religion?
         Was ist Freiheit – was ist Unfreiheit?

Nr. 12   *Der Unbekannte, der sich selbst fremd ist. Brauchen wir*
         »Heilige« als Fürbitter? Mutter Jesu, Mutter Gottes?
         Die Erbsünde. Dogma und Zwang zum Glauben.
         Die Nachfolge Jesu

Nr. 13   *Schlagt die Bibel zu! Der Verrat an Jesus, dem Christus,*
         und an den Propheten

Nr. 14   *Der Atheist - ein Freund des Propheten? Das Sittengemälde*
         der heutigen Zeit

Nr. 15   *Tiere klagen – der Prophet klagt an!*

Nr. 16   *Der Mord an den Tieren ist der Tod der Menschen*

Gabriele-Briefe

1. *Advent und Weihnachten sind zum traditionellen heidnischen Brauchtum geworden - Mit Jesus, dem Christus, hat das nichts zu tun*

2. *Ein Streiflicht über die kirchengeschichtliche Entwicklung - Der wahre Gott hat noch nie in Kirchen aus Stein gewohnt ...*

3. *Die Gottes- und Nächstenliebe und das verbogene, entstellte Christentum*

4. *Gottes Wort, das Gesetz der Liebe und Einheit, und die Rechtlosen dieser Erde*

5. *Jeder stirbt für sich allein. Das Leben und Sterben, um weiterzuleben*

6. *Der Gabriele-Brief für Freiheitsdenker. Denken Sie mit und überlegen Sie. Treffen Sie frei Ihre Entscheidung*

Gratis-Broschüren erhältlich bei:

Verlag DAS WORT GmbH
Max-Braun-Str. 2, 97828 Marktheidenfeld
Tel. 09391/504135, Fax 504133
Internet: www.das-wort.com

Die Zehn Gebote GOTTES

Die Zehn Gebote Gottes, in ihrer tiefen Bedeutung, praktisch ausgelegt – für ein Leben nach höheren ethischen Prinzipien auch in unserer Zeit.

88 S., kart., Best.-Nr. S 338
Euro 5,00. SFr 9,00.
ISBN 3-89201-155-9

Auch in:
en, es, fr, it, nl, pt, ro, ru, sl

Die Bergpredigt

Leben nach den Gesetzen Gottes

Zeitlose Anweisungen für ein friedvolles und erfülltes Leben – der Weg hinaus aus der Sackgasse, in der sich heute der Mensch befindet. Ein Auszug aus dem Buch „Das ist Mein Wort".

120 S., kart., Best.-Nr. S 008
Euro 5,00. SFr 9,00
ISBN 3-89201-061-7
Auch in ar, cs, el, en, es, fr, hu, it,
kr, mk, nl, pl, pt, ro, ru, se, sk, sl

Gerne übersenden wir Ihnen auf Wunsch
ein kostenloses Verzeichnis
aller Bücher, CDs und Cassetten
sowie das Programmheft mit den Radiosendungen
im Universellen Leben.

Verlag DAS WORT GmbH
Max-Braun-Str. 2, 97828 Marktheidenfeld
Tel. 09391/504135, Fax 09391/504133

Online-Shop: http://www.das-wort.com